MAGIE D'AMOUR ET MAGIE NOIRE

OU LE TIBET INCONNU

Du même auteur
CHEZ POCKET

AU PAYS DES BRIGANDS GENTILSHOMMES
LE BOUDDHISME DU BOUDDHA
IMMORTALITÉ ET RÉINCARNATION
L'INDE OÙ J'AI VÉCU
JOURNAL (TOMES 1 ET 2)
LE LAMA AUX CINQ SAGESSES
LA LAMPE DE SAGESSE
MAGIE D'AMOUR ET MAGIE NOIRE
MYSTIQUES ET MAGICIENS DU TIBET
LA PUISSANCE DU NÉANT
LE SORTILÈGE DU MYSTÈRE
VOYAGE D'UNE PARISIENNE À LHASSA
LA VIE SURHUMAINE DE GUÉSAR DE LING

ALEXANDRA DAVID-NEEL

MAGIE D'AMOUR ET MAGIE NOIRE

ou le

TIBET INCONNU

PLON

ISBN : 2-266-03758-7

AVANT-PROPOS

J'ai longuement hésité – en fait, pendant plusieurs années – avant de me décider à publier le présent livre, à cause de la nature particulièrement horrible des faits qui y sont décrits dans le chapitre V et, plus encore, dans le chapitre VI. Me trouvant de nouveau en Asie, j'ai eu l'occasion de rencontrer, récemment, sur la Montagne sacrée aux Cinq Pics, près de la frontière mongole, des lamas tibétains qui s'y étaient rendus en pèlerinage. Deux d'entre eux étaient originaires du pays des Gyarongpas. Incidemment, nous en vînmes à parler de sorcellerie et des Böns, dont il existe un nombre assez considérable dans le Gyarong. J'y ai, moi-même, été témoin d'un phénomène singulier dans un de leurs monastères[1]*. Ces lamas me dirent que, tandis qu'ils connaissent beaucoup de Böns-Blancs parfaitement honorables, ils ont, aussi, entendu parler de certains Böns-Noirs qui s'adonnent à de bizarres et cruelles pratiques magiques. Et, à mon grand étonnement, ils mentionnèrent la table creuse, au pesant couvercle, sous lequel on laisse des hommes introduits*

1. Voir *Au pays des brigands-gentilshommes* (Plon).

vivants, mourir de faim, puis se putréfier pour fournir la matière d'un élixir d'immortalité. C'était là ce que le héros de l'autobiographie, que mon livre reproduit, disait avoir vu. *Il n'était sans doute pas le seul à avoir contemplé ce macabre spectacle et, dans tous les cas, ce que me disaient les lamas-pèlerins me forçait à conclure que des rumeurs circulaient à ce sujet, la crainte des sorciers* Böns *empêchant qu'elles s'exprimassent autrement qu'en sourdine. Cette confirmation inopinée des confidences qui m'avaient été faites à ce sujet dissipèrent mes doutes quant à l'intérêt qu'offrait leur publication du point de vue de l'éthologie.*

Les circonstances dans lesquelles j'ai recueilli les matériaux dont je me suis servie pour écrire le présent livre sont clairement décrites dans son prologue. Sans qu'il soit nécessaire de l'en informer, le lecteur comprendra que le narrateur de cette autobiographie ne m'en a fourni que les données essentielles. L'état particulier d'esprit qui l'incitait à raconter les incidents de sa vie passée exclut toute digression. Mon hôte, dominé par l'émotion que lui causait le souvenir, brusquement ravivé en lui, du drame qu'il avait vécu, ne songeait naturellement pas à me dépeindre les lieux qui en avaient été témoins, ni à m'expliquer les mœurs ou les croyances auxquelles se rattachaient les faits qu'il racontait. Il savait qu'une grande partie des régions où sa vie s'était passée m'était bien connue et, de plus, il me prenait pour une Tibétaine authentique.

Reproduit brièvement, tel qu'il m'a été fait, ce récit aurait été, en bien des points inintelligible pour des étrangers à qui le Tibet et ses habitants sont totalement inconnus. Il m'a donc paru préférable de donner à ce livre la forme d'un roman afin de pouvoir, par des descriptions de paysages ou l'exposé d'idées courantes dans le pays, entourer ses héros du décor physique et de l'atmosphère mentale dans lesquels ils se mouvaient et dont ils subissaient l'influence. Cependant, tout au long des pages suivantes, le lecteur est prié de se rappeler que ce roman a été vécu.

Alexandra DAVID-NEEL.

Riwotsé Nga, août 1937.

PROLOGUE

Mon hôte, le fermier-pasteur, ex-chef de bandits. — Un enlèvement dans la nuit. — Confidences près du feu de camp.

Aux confins du pays de Daishin, je m'étais arrêtée, pendant quelques jours, près de la résidence d'été d'un chef opulent, nommé Garab, mi-fermier, mi-pasteur, comme il en est un certain nombre dans cette région.

Bien accueillie par lui, je ne me pressais pas de me remettre en route, goûtant, à la fois, la satisfaction matérielle que donnent des repas copieux, une sécurité reposante, assurée par la proximité des gardeurs de bétail, le charme du site et la conversation de mon hôte.

Une autre raison, encore, avait contribué à me retenir. Le fermier ayant appris que mon compagnon de voyage, le lama Yongden[1] appartenait à la secte des Khagyud-Karmapas[2], s'était avisé de le prier de célébrer un rite qui passe pour écarter les

1. Mon fils adoptif et collaborateur qui m'accompagne dans mes voyages.

2. Une des plus anciennes sectes tibétaines qui est tenue pour être en possession d'un enseignement oral ésotérique qui se transmet de maître à disciple. Les ancêtres spirituels de la secte sont les Hindous Tilopa et le célèbre professeur de l'université de Nalanda : le Pandit Narota, puis le traducteur Marpa et son disciple l'ascète-poète Milarespa. Ces deux derniers étant tibétains. (x^e^ et xie siècle).

mauvais esprits. Une telle demande est fréquente, au Tibet, elle ne m'avait donc pas surprise ; toutefois, quelques jours plus tard, je devais être pleinement éclairée concernant le mobile qui l'avait dictée.

Garab, le propriétaire des champs et des troupeaux, était un homme de haute taille, au teint plus sombre que ne l'est généralement celui des Tibétains. Ses gestes rares et précis dénotaient l'habitude du commandement. Une flamme singulière ardait au fond de ses splendides yeux noirs, contrastant avec la placidité altière et détachée de son attitude habituelle. Je le voyais, parfois, s'arrêter subitement, tandis qu'il marchait, et demeurer longtemps immobile, regardant, au loin, je ne savais quoi ; ou bien, il restait pendant des heures assis à l'écart, absorbé dans ce que j'aurais pris pour une pieuse méditation, si mon hôte avait été un homme religieux, mais il ne l'était pas.

Intriguée par sa physionomie très peu mongolique, je m'étais aventurée à lui demander le nom de son pays natal. Ma curiosité avait paru lui déplaire, pourtant, il avait répondu : « Je suis du Ngari, loin d'ici. »

Ngari est une vaste province du Tibet dont l'extrémité méridionale côtoie l'Himâlaya. Des cols font communiquer le Ngari avec l'Inde ; et les métissages, à la frontière, y ont produit des types différant, parfois, beaucoup de ceux que l'on rencontre, habituellement, dans les autres régions du Tibet. L'aspect quelque peu surprenant de Garab pouvait donc s'expliquer, mais comment se trouvait-il établi, si loin de son pays ? J'aurais voulu le savoir. Toutefois, ayant remarqué le mécontentement que lui avait causé ma première question, je n'osais pas lui en poser d'autres.

Un soir où mon fils adoptif, le lama Yongden, et moi étions demeurés, longtemps après le coucher du soleil, assis devant la tente du chef, buvant du thé avec lui, le bruit sourd du galop d'un cheval nous arriva des prairies. Notre hôte prêta l'oreille.

— Un cavalier... et la bête est lourdement chargée, dit-il, reconnaissant, avec la finesse d'ouïe d'un *dokpa* (pasteur), s'il s'agissait d'un cheval libre, échappé d'un troupeau, ou si quelqu'un le montait.

Quelques instants plus tard, devant nous, un homme se jetait à bas d'une bête essoufflée que la transpiration entourait de vapeur et aidait à mettre pied à terre une jeune fille qui avait chevauché en croupe.

— Il me faudrait deux chevaux robustes et rapides, dit-il précipitamment à notre hôte. Je vous laisserai le mien; il est jeune et vaut un bon prix. Après quelques jours de repos il sera, de nouveau, en parfait état. J'ai de l'argent; je paierai ce que vous demanderez comme surplus.

— Nous parlerons de cela demain, répondit Garab. Il va faire nuit, couchez ici. Je vais faire couvrir et soigner votre bête.

— Merci, répliqua le voyageur. Nous devons repartir immédiatement.

Et comme le chef le regardait en silence, il ajouta:

— On nous poursuit. Il faut que demain matin nous ayons atteint, loin d'ici, un campement où j'ai des amis.

Puis, après un moment d'hésitation, il ajouta:

— Je l'enlève... elle consent...

Garab gardait toujours le silence. Son visage conservait son impassibilité habituelle, mais la flamme dormante au fond de ses yeux s'était avivée, devenait fulgurante.

— Le suis-tu de ton plein gré ? demanda-t-il à la fille. Si tu veux rester ici, dis-le sans crainte. Tu seras protégée.

— Je veux aller avec lui, répondit-elle en se rapprochant vivement de son compagnon.

Dans la demi-obscurité, cet homme et cette femme, debout, serrés l'un contre l'autre, les traits crispés par la fatigue et l'anxiété, formaient un groupe tragique.

— Asseyez-vous, leur dit notre hôte. Buvez du thé et mangez quelque chose, tandis qu'on ira chercher les chevaux.

Il appela des gens, leur parla à voix basse et des hommes partirent, en courant, vers une autre partie du camp.

Peu après, ils revinrent, amenant deux chevaux dont l'un était déjà sellé. Sur l'autre, ils placèrent la selle du voyageur et, par-dessus celle-ci, les courroies retenant deux grands sacs qui pendraient sur les flancs de l'animal[1].

— Voilà, dit simplement le chef. Ce sont de vaillantes bêtes, vous pourrez marcher grand train, pendant toute la nuit.

— Combien dois-je vous payer ? demanda le fugitif.

— Rien, répondit Garab. Vous me laissez un cheval de valeur, je l'ai apprécié tout de suite. Il s'agit donc d'un échange pour l'une des bêtes... et l'autre, je la lui donne...

D'un geste il désignait la fille.

— C'est une grande bonté... commença l'homme.

1. Suivant la coutume tibétaine.

— Partez vite, commanda le généreux donateur, interrompant d'un ton péremptoire tous remerciements.

En moins d'une minute, le couple fut en selle.

— On a mis des provisions dans vos sacs, cria le chef comme ils allaient partir.

Un coup de talon dans le ventre de leurs montures[1], et les amoureux s'élançaient à toute vitesse vers l'horizon où les étoiles touchaient la terre.

Le silence enveloppait de nouveau la plaine. Notre hôte alla s'asseoir près d'un feu allumé au-dehors et demeura longtemps plongé dans ses pensées ; son visage, éclairé par les flammes mouvantes, s'était empreint d'une expression bizarre que je ne lui avais jamais vue. Tout à coup, il héla un domestique et lui commanda d'apporter de l'eau-de-vie. Il en but, coup sur coup, plusieurs bols, puis retomba dans sa songerie.

Si rapide qu'eût été mon examen des chevaux qu'il avait fournis aux fugitifs, j'avais pu reconnaître que leur valeur marchande était importante. Quel motif avait pu inciter leur propriétaire à en offrir un, gratuitement, à des inconnus ? Je ne pus m'empêcher de tenter de l'apprendre.

— Vous vous êtes montré d'une grande générosité envers ces amoureux, dis-je.

— J'ai vécu cela, murmura pensivement le maître de la ferme.

Qu'avait vécu cet homme distant et froid ? Un roman d'amour ?... un drame ? qui expliquait sa manifestation soudaine de sympathie pour le couple en péril.

Cette nuit-là, nous ne dormîmes pas. Près du feu de camp, attentifs et muets, nous écoutâmes une

1. Les Tibétains ne se servent pas d'éperons.

histoire singulière que le bouleversement intime, éprouvé par notre hôte, lui faisait revivre et l'incitait à se raconter tout haut, sans être, probablement, tout à fait conscient qu'il était écouté.

PREMIERE PARTIE

SEMANT L'AVENIR

Chapitre premier

L'attaque de la caravane. – L'amant créé en rêve se matérialise.

Encadré par de lointaines chaînes de montagnes, l'immense plateau s'étendait, désert et nu, sous un ciel uniformément bleu et lumineux. Nul vol d'oiseaux n'animait l'espace, aucun signe ne décelait la présence d'êtres humains ou d'animaux sauvages et le silence était absolu. L'on était là, au sommet de la terre, dernier refuge des génies et des fées, fuyant l'homme bâtisseur de villes, ennemi de la nature.

Cependant, ce jour-là, en plus des êtres invisibles qui pouvaient hanter ces hauts lieux, un étroit ravin, entaillant la ceinture montagneuse du plateau, abritait une cinquantaine de cavaliers au visage dur, vêtus d'épaisses robes en peau de mouton et coiffés de chapeaux pointus en feutre, originairement blanc, que la crasse avait bruni. Devant eux, à l'entrée du ravin, leur jeune chef faisait le guet, le flanc de son cheval pressé contre la pente abrupte de la montagne, difficile à découvrir, même de près, parmi les hautes touffes d'herbe irrégulièrement espacées sur un fond de terre brunâtre.

Le temps passait ; hommes et chevaux, sans doute habitués à ces longues attentes, se mouvaient à peine et le chef, les yeux fixés sur un point situé à l'extrémité opposée du plateau, gardait l'immobilité d'une statue.

Tout à coup, ses sourcils se froncèrent dans l'effort fait pour mieux voir. Au loin, dans la direction qu'il surveillait, une tache sombre, à peine perceptible, venait d'apparaître au pied de la montagne. Graduellement, elle s'élargissait, devenait mouvante, laissant deviner une troupe d'êtres en marche : hommes ou animaux. Sans provoquer le moindre mouvement de sa monture, sans se retourner, le chef leva la main ; une rumeur étouffée courut parmi ses compagnons, puis le silence se fit de nouveau.

La tache obscure s'étendait de plus en plus, elle avait cessé d'être attachée à la montagne et s'avançait dans l'espace vide. Quelques instants plus tard, l'on pouvait distinguer les cavaliers et les mules, chargées de bagages, d'une nombreuse caravane se dirigeant vers l'une des issues du plateau.

Lorsqu'elle fut arrivée à proximité de l'endroit d'où on l'épiait, le chef éleva rapidement son fusil au-dessus de sa tête et, poussant un cri strident, s'élança au galop vers les voyageurs. Les clameurs sauvages de ses hommes lui répondirent tandis que, tous, se ruant à sa suite, se précipitaient hors du ravin.

Avant que les caravaniers aient eu le temps de se reconnaître, les brigands les avaient cernés en tirant des coups de feu. Affolées par les détonations, les bêtes de somme se débandaient, s'enfuyant dans toutes les directions, laissant choir, de-ci, de-là, les sacs et les ballots qu'elles portaient, trébuchant dans les cordes de leur harnachement détaché et poussant des hennissements de terreur.

La tactique habituelle des voleurs de grands chemins, au Tibet, est de provoquer cette panique parmi les animaux des caravanes, la jugeant propre à troubler l'esprit de ceux qu'ils attaquent et à paralyser leur défense. Leur compte réglé avec les caravaniers, les malandrins savent toujours retrouver les bêtes calmées et les bagages éparpillés sur le sol. Pourtant, lorsque la caravane est conduite par des marchands aguerris aux aventures de ce genre et bien armés, les agresseurs peuvent se heurter à une vigoureuse résistance. Fusillade répond à fusillade, faisant des blessés, parfois des morts, dans les deux camps.

Cette fois, les voyageurs n'étaient que des pèlerins débonnaires s'en allant à Lhassa, porter des offrandes au Dalaï Lama et solliciter sa bénédiction. Dûment informés par leurs éclaireurs, les brigands savaient que la valeur de ces offrandes: chevaux et mules de prix, pesants lingots d'argent et précieuses soieries chinoises, était considérable. Ils n'ignoraient pas, non plus, que ceux à qui la garde en était confiée seraient incapables de les défendre efficacement.

Leurs prévisions se trouvèrent justifiées. Dès l'apparition des bandits, les infortunés pèlerins comprirent que la perte de leurs biens était certaine. La résistance qu'ils esquissèrent, machinalement, dura peu et les hommes, la tête basse, les femmes, pleurant, attendirent que les malfaiteurs dictassent leurs volontés.

Comme en toutes occasions de ce genre, il ne s'agissait que de régler quelques menus détails. Les voyageurs n'avaient point à craindre pour leur vie. Tous les Tibétains ont horreur du meurtre et n'y recourent qu'à la dernière extrémité. Les brigands de haut vol, ceux que j'ai dénommés, ailleurs[1], des « brigands-gentilshommes », ne font pas exception ; ces « braves » sont, du reste, presque toujours dévots, ils ne molestent, non plus, que celles de leurs victimes qui refusent de se laisser dépouiller de bonne grâce.

Les bagages des pèlerins, leurs chevaux et leurs mules, les bijoux et l'argent qu'ils portaient sur eux demeureraient aux mains des pillards, mais ceux-ci leur laisseraient une quantité suffisante de vivres pour qu'ils puissent se nourrir jusqu'à ce qu'ils aient atteint l'endroit habité le plus proche. Ils leur laisseraient, aussi, quelques-unes de leurs bêtes de somme, celles de moindre valeur, pour porter ces provisions.

En une heure, tout fut terminé et la troupe dolente des pèlerins se remit en route, à pied, refaisant, en sens inverse, le chemin qu'elle avait parcouru sur le plateau. Les pauvres gens ne pensaient qu'aux moyens de regagner leur pays. Continuer le voyage, sans vivres et sans argent, n'aurait pu être entrepris que par des individus robustes et énergiques et la plupart des malheureux voyageurs étaient des gens de condition aisée, non accoutumés à la fatigue et aux privations. D'ailleurs, leur pèlerinage n'avait plus d'objet ; les présents qu'ils portaient à Lhassa leur avaient été enlevés et l'on ne se présente pas les mains vides devant un Dalaï Lama.

Tandis qu'ils s'éloignaient, les brigands rassemblaient, en hâte, les bêtes dispersées et les ballots épars, rechargeaient ceux-ci sur les mules et attachaient à leurs propres selles la bride des chevaux

1. A. DAVID-NEEL, *Au pays des brigands-gentilshommes*. (Plon, Paris.)

conquis, présentement sans cavaliers. Le partage du butin se ferait plus tard, en lieu sûr, à bonne distance du lieu où il avait été saisi.

Les malandrins allaient se mettre en marche lorsque, derrière un monticule, une jeune fille se leva, fit quelques pas et se tint debout devant eux.

Elle ne pouvait être qu'une des pèlerines de la caravane. Pourquoi n'avait-elle pas suivi ses compagnons ?

Revenus de leur surprise, les hommes, pris de colère, l'accablèrent de questions : « Que voulait-elle ? – Obtenir une aumône ? – Tâcher de se faire restituer un bijou qu'on lui avait pris ? – En portait-elle, au moment de l'attaque ? – Qui pouvait le savoir ? – Qui donc, parmi eux, avait songé à examiner le visage de celles à qui il enlevait des colliers ou des boucles d'oreilles !... Une menteuse, une impudente était-elle !... Elle en serait punie. Elle pourrait s'en aller toute seule et se presser pour rejoindre ses amis déjà loin. »

Ils criaient tous à la fois, sans raison, à tort et à travers, ce qui leur venait à l'esprit.

La jeune fille ne bougeait pas, sourde aux invectives et aux menaces, pareille à une statue. Très grande, très belle, grave, les yeux fixes attachés sur le chef, elle attendait.

Celui-ci fit avancer son cheval jusque près d'elle.

– Pourquoi n'es-tu pas partie avec les autres ? Comment se fait-il qu'ils ne t'aient pas emmenée avec eux ? demanda-t-il.

– Je me suis cachée, répondit la pèlerine.

– Cachée !... Pourquoi ?... Est-ce que tu nous espionnes ?... Es-tu folle ?... On te l'a dit ; tant pis pour toi si tu as du mal à rejoindre les tiens. Va-t'en !

La fille ne fit pas un mouvement.

— M'entends-tu?... Va-t'en! répéta le chef.

— C'est toi que j'ai vu dans mes rêves, murmura la voyageuse, comme en extase.

— Quoi! s'exclama le jeune brigand tandis que ceux de ses hommes qui avaient entendu cette déclaration inattendue éclataient bruyamment de rire.

Le chef demeurait sérieux. Les sourcils froncés, la voix dure, il demanda:

— Que veux-tu?

— Emmène-moi avec toi, supplia la fille à voix basse.

L'homme qu'elle implorait la considéra pendant un instant puis, sans lui répondre, partit au grand trot pour se placer à la tête de sa troupe.

— Mettez-la à cheval et que l'un de vous l'emmène à la remorque, jeta-t-il par-dessus son épaule, tandis qu'il s'éloignait.

La colonne des pillards s'ébranla. Mis en gaieté par la conquête d'un riche butin et amusés par la singulière bonne fortune survenue à leur chef, ceux-ci échangeaient de grasses plaisanteries entremêlées de rires bruyants. Rigide sur sa monture[1], le visage impassible, l'inconnue semblait ne rien entendre.

Les brigands chevauchèrent, sans arrêt, jusqu'après minuit. Alors, comme ils débouchaient d'un défilé tortueux, au cœur de la montagne, le chef fit faire halte dans une vallée herbeuse où coulait un ruisseau. Le camp, entouré de sentinelles, fut promptement installé. Il ne s'agissait que d'empiler les ballots volés, d'entraver les bêtes enlevées aux pèlerins et d'allumer du feu. Après avoir bu quelques bols de thé beurré et mangé deux ou trois boulettes de farine d'orge, les hommes

1. Toutes les Tibétaines sont habituées à monter à cheval.

dormiraient en plein air, enroulés dans leurs robes de fourrure, leur selle leur servant d'oreiller. Les jours de bombance, où l'on fêterait le succès de l'expédition, viendraient plus tard.

L'amour, chez le jeune chef, s'embarrassait peu de poésie ; il n'en comporte guère chez les hommes de son métier et, sur ce point, il exagérait encore la rudesse habituelle de ses compagnons.

Son frugal repas, pris sans hâte, étant terminé, il se leva :

— Tu as voulu venir… Eh bien ! viens, dit-il simplement à la jeune fille.

Et, sans l'attendre, il se dirigea vers l'endroit qu'il avait choisi pour y passer le reste de la nuit.

Docile, elle le suivit en silence.

Assis sur la couverture qui leur avait servi de couche, le chef ruminait, étonné, des sensations neuves pour lui. Cet audacieux bandit, pareil à un animal robuste et sain ignorait les complications sensuelles. Il allait vers les femmes avec la simplicité des étalons de ses troupeaux poursuivant les juments. Par crainte et, aussi, par désir du beau mâle qu'il était, les filles et les femmes des pasteurs lui cédaient facilement et ces brefs contacts ne laissaient guère de traces dans sa mémoire.

En quoi celle-ci différait-elle donc des autres ?… L'engourdissement de son esprit ne lui permettait pas de raisonnements à ce sujet. Il revivait des frissons, des angoisses, une morsure qui tenaillait sa chair et le faisait haleter. Il demeurait accablé par le bouleversement que produisait, en lui, la mêlée désordonnée de ses impressions voluptueuses et cruelles. Une bête fantastique, lui semblait-il, venait de surgir du tréfonds de son être, prenait possession de lui, étirant ses membres de feu dans les siens, introduisant sa tête dans la sienne… Devenait-il fou ?…

Il se ressaisit à demi et regarda sa nouvelle maîtresse étendue près de lui. La clarté roussâtre d'un dernier quartier de lune donnait un aspect insolite à sa physionomie.

Il arrive, dit-on, au Tibet, que des filles-démons, des Sindongmas, se donnent, par jeu, à des amants de race humaine, puis les torturent et les dévorent. Lui, esprit fort, riait de ces contes. Pourtant…

— Comment t'appelles-tu ? demanda-t-il brusquement.

— Détchéma (celle qui fait du bonheur, de la joie)[1], répondit la pèlerine.

— Oh ! tu es bien nommée ! s'exclama le chef. Véritablement tu fais naître la joie. Tu as fait la mienne ! En as-tu donné autant à beaucoup d'autres avant moi ?

— Tu sais que j'étais vierge, dit tranquillement l'amoureuse.

Le jeune homme ne répliqua rien. Il en était sûr. Le désir de masquer son émoi sous l'apparence d'un détachement moqueur lui avait suggéré cette question.

— Moi, je m'appelle Garab (joie parfaite)[2], reprit-il. Nos noms s'accordent… aussi bien que nos corps. Ne le crois-tu pas, Détchéma ?…

Il se pencha vers elle et la reprit brutalement dans ses bras.

La journée suivante fut employée à faire l'inventaire du butin conquis, à procéder à la répartition

1. Détchéma, en orthographe tibétaine : *bdé*, bonheur, joie ; *byéd ma*, faiseuse.

2. Garab, en orthographe tibétaine : *dgah* plaisir, joie, *rab* parfaitement, complètement, supérieurement.

des parts revenant à chacun et à discuter la façon de négocier les articles qui devaient être vendus.

Chevaux, mules et provisions ne donnaient lieu à aucun débat. Les brigands tibétains ne sont pas des vagabonds sans feu ni lieu, mais des pasteurs ou des fermiers établis qui s'assemblent, à l'occasion, pour des expéditions qu'ils considèrent comme un noble exercice où s'affirme l'énergie virile des braves « au cœur puissant[1] ». Chacun de ces « héros » possède ses tentes sur les hauts alpages ou son habitation dans une vallée. Les sacs de grain ou de farine qui lui sont attribués s'en vont rejoindre les réserves de vivres de sa famille et les bêtes conquises prennent place dans son troupeau, en attendant que, mêlées à d'autres, elles soient emmenées vers quelque marché éloigné pour y être vendues.

Mais, cette fois, le butin comprenait, aussi, des soieries, de l'argent et de l'or en lingots et nombre d'objets précieux ou curieux dont les rustiques pillards n'avaient que faire. Toute cette partie de leur prise ne pouvait être vendue ou échangée contre des articles utiles que dans un grand centre, où les transactions sont nombreuses, et assez lointain, aussi, pour que ses magistrats puissent ignorer la provenance des marchandises et de l'argent qui y seraient apportés et ne soient pas tentés de se les approprier, sous prétexte de faire justice.

Midi vint sans que la discussion engagée à ce sujet ait fourni une solution agréable à tous. C'était l'heure du repas.

— Apporte-moi du thé, là-bas, dit Garab à celui des hommes qui lui servait d'ordonnance en campagne.

Là-bas, c'était l'endroit où il avait passé la nuit avec Détchéma ; celle-ci y était demeurée tandis

1. Traduction littérale de l'expression tibétaine.

qu'il présidait le conseil de la bande procédant au partage.

De la viande séchée[1] et de la farine d'orge grillée (*tsampa*) furent extraites des sacs suspendus à la selle de Garab et déposés, près de lui, avec un pot plein de thé.

— Mange tant que tu le peux, dit le chef à la jeune femme[2].

Celle-ci lui sourit. L'acte familier et rassurant de se nourrir la ramenait de l'état de rêve où la vue de l'audacieux bandit l'avait jetée, vers les réalités de la vie ordinaire.

— Es-tu contente ? demanda Garab.

De la tête elle fit signe que oui.

— On ne peut pas te reprocher d'être bavarde, remarqua le chef, en riant. As-tu pensé à ce que tu vas faire maintenant ? Tu ne pourrais pas rejoindre tes amis, les pèlerins. Comment retourneras-tu dans ton pays ? Est-ce très loin d'ici ? Depuis combien de temps déjà étiez-vous en route quand je vous ai arrêtés ?...

« Ton père et ta mère sont-ils vivants ?...

« Tu regrettes ce que tu as fait, n'est-ce pas ?... Tu voudrais retourner chez les tiens.

— Non, répondit Détchéma. Je veux rester avec toi.

— Je ne vois pas que, pour le moment, tu puisses faire autrement, à moins de mourir de faim dans les *chang thangs*[3], repartit le chef avec une indifférence affectée.

1. Les Tibétains sèchent de la viande au soleil et l'emportent comme provision de voyage. Ils en sont très friands.

2. Invitation cordiale, populaire, couramment adressée à un hôte.

3. Littéralement « septentrionaux plateaux ». Nom des grandes solitudes herbeuses du nord du Tibet, mais, par extension, tout vaste territoire inhabité ou habité seulement par des pasteurs vivant sous la tente et où il ne pousse que de l'herbe.

Mais sa curiosité ne s'accommodait pas du mutisme de sa compagne.

— Pourquoi as-tu voulu venir avec moi? reprit-il. Tu ne pouvais pas m'aimer. Tu ne m'avais jamais vu, j'imagine.

— Je t'avais vu dans mes rêves.

— Oui, tu l'as dit: C'est moi que tu voyais dans tes rêves! Quels rêves? Tu m'as vu en songe, pendant que tu dormais?

— Quelquefois ; mais, le plus souvent, je t'ai vu étant éveillée.

« Tu étais à cheval, au milieu des solitudes, droit sur ta selle, regardant, au loin, des choses invisibles pour moi. Le désir de courir vers toi m'affolait... Soudain, je me sentais soulevée de terre, jetée sur ton cheval et emportée au galop, à travers les *chang thangs* déserts.

« Parfois, il arrivait, alors, que quelqu'un me parlât, la vision s'évanouissait et je me sentais singulièrement seule et vide, diminuée d'une partie de moi qui s'en était allée avec le cavalier disparu.

— Où pensais-tu que je t'emmenais quand je t'emportais sur mon cheval?

— Je ne pensais à rien. La course n'avait pas de but que je sache. Elle n'était que le vent qui me fouettait le visage, le bruit des cailloux sautant sous les pieds du cheval, des montagnes et des lacs qui se précipitaient à notre rencontre et fuyaient derrière nous, ton corps que je sentais chaud et dur sous ta robe et nos cœurs qui battaient.

Garab restait pensif.

— Je suis seul, dit-il, sans famille, sans femme. Si tu le veux, tu peux être la mienne... Du moins pour quelque temps.

« Ma tente est vaste, j'ai des troupeaux, des serviteurs pour soigner le bétail. D'ici cinq ou six jours, nous atteindrons le territoire de la tribu parmi laquelle j'habite.

— Cinq à six jours... répéta Détchéma, songeuse. Puis, après ?...

— Après, je te l'ai dit, tu demeureras dans ma tente. Tu n'y manqueras de rien. La nourriture est abondante chez moi et tu ne devras pas travailler.

— Chez moi, aussi, l'on mange bien et je n'ai jamais dû travailler, déclara la jeune femme avec fierté.

— Vraiment ! Tes parents sont donc riches ? Qui est ton père ?

— Il est mort.

— Et ta mère ?

— Elle vit avec son frère. Elle est propriétaire de terres qu'elle loue et elle a de l'argent placé dans le commerce.

— Et ton oncle, que fait-il ?

— Il est marchand.

— Où cela ?

— A Dirgi.

Garab eut l'impression que Détchéma mentait.

— Les pèlerins avec qui tu voyageais ne venaient pas de Dirgi, remarqua-t-il. Ils étaient mongols.

— Oui, des Mongols de Ta Kouré et de l'Alachan.

— Comment donc, alors, te trouvais-tu avec eux ?

— Je les avais rencontrés.

— Où donc ? Et comment se faisait-il que tu aies été sur la route où ils passaient ?

— Je voyageais avec des marchands.

— Avec des marchands !... Ta mère et ton oncle te laissaient voyager avec des marchands !

— Je m'étais enfuie.

— Pourquoi ?

— Je te cherchais… J'ai rencontré ces marchands quand j'étais déjà loin de Dirgi. Je leur ai dit que j'allais en pèlerinage à Lhassa avec ma sœur, une religieuse, qu'elle était morte en route et que j'essayais de continuer, toute seule, le voyage pour en attribuer les mérites à l'esprit de ma sœur. Ils m'ont offert de m'emmener avec eux et m'ont laissée monter sur une de leurs mules. Le long du chemin, je regardais sans cesse, dans toutes les directions, espérant te voir apparaître, comme dans mes visions, mais, cette fois, bien réel.

« Après quelques jours de marche, les hommes m'ont dit que je devais être leur femme, à tous, jusqu'à la fin du voyage et, pendant la nuit, je me suis sauvée, emportant un petit sac de *tsampa* avec moi.

« J'ai couru pour m'éloigner plus vite du camp. Pendant deux jours, je suis restée cachée dans un ravin. Ensuite, j'ai continué à marcher. Les marchands devaient être loin, je ne craignais plus d'être reprise par eux, mais je n'avais plus de *tsampa*. J'ai erré, sans savoir où j'allais, mais certaine que, tôt ou tard, je te rencontrerais. J'ai pu déterrer des *toumas*[1] et, dans les marais que j'ai traversés, il y avait des algues bonnes à manger… puis, j'ai vu venir la caravane. J'ai répété aux pèlerins ce que j'avais déjà raconté aux marchands : que ma sœur, la religieuse, était morte tandis que nous allions à Lhassa. Ils m'ont donné à manger et emmenée. Et, alors, enfin, je t'ai trouvé.

Qu'y a-t-il de vrai dans cette histoire extravagante ? continuait à penser Garab ; peut-être n'est-elle, tout entière, que mensonges. Il inclinait à cette conclusion, mais il s'abstint de la commu-

1. *Touma*, une racine comestible dont le goût ressemble à celui de la châtaigne.

niquer à sa maîtresse. Si elle tenait à lui cacher son identité et l'endroit d'où elle venait, lui-même n'était pas absolument désireux d'en être informé. Son ignorance à ce sujet lui paraissait propre à dégager sa responsabilité et à lui éviter des démêlés fâcheux avec la famille de la fugitive si, par hasard, celle-ci était influente et retrouvait Détchéma chez lui.

Comme il demeurait silencieux, Détchéma reprit la conversation.

— Que feras-tu quand tu seras rentré chez toi?

— Je vivrai en *dokpa* (pasteur) jusqu'à ce que d'autres affaires m'appellent.

— Des affaires? S'agit-il de commerce ou *d'affaires* comme celle d'hier?

Garab se mit à rire.

— Quelquefois l'un, quelquefois l'autre. Tu m'as vu à l'œuvre, je n'ai donc rien à t'apprendre. Je suis chef de *djagspas* (voleurs de grands chemins). Cela n'a pas semblé te faire peur.

— Je t'admire, murmura Détchéma avec ferveur. Tu étais si beau quand tu as galopé hors du ravin à la tête de tes hommes.

« Tu m'emmèneras avec toi, n'est-ce pas, quand tu voyageras pour « affaires »?

— T'emmener! Où as-tu jamais vu que des *djagspas* s'embarrassent de femmes dans leurs expéditions! C'est là besogne de braves; la place des femmes est au logis. D'ici cinq jours, tu auras vu le mien. S'il te plaît, tu y resteras, sinon... tu en chercheras un autre.

Du geste il indiquait l'immensité des plateaux et des vallées s'étendant au-delà des montagnes qui entouraient le camp.

— Cinq jours! répéta encore Détchéma.

— Trouves-tu que c'est trop long? Es-tu fatiguée?

— Je ne suis jamais fatiguée, protesta la jeune femme presque avec colère. Cinq jours, c'est trop court. Maintenant que je t'ai trouvé, j'aurais voulu ne plus te quitter, m'en aller, à cheval, près de toi, loin, très loin, pendant des jours et des mois et camper chaque nuit, sous les étoiles, comme nous l'avons fait hier.

La voix de Détchéma s'était assourdie et reprenait l'accent passionné avec lequel la jeune amoureuse avait décrit ses rêves de vertigineuses chevauchées, enlacée au héros qu'elle attendait.

La musique prenante de ses paroles, le souvenir des sensations voluptueuses éprouvées pendant la nuit précédente réveillaient le désir en Garab. Les tableaux dépeints par son amie prenaient vie dans son imagination. Il la voyait, chevauchant à son côté, jour après jour, dans les grandes solitudes où rien ne la distrairait de lui, où rien ne le distrairait d'elle. Il voyait ces nuits de camp, sous les étoiles, où elle serait toute à lui... Le goût de sa chair lui revenait aux lèvres et ses doigts brûlaient quand il se rappelait le contact de son corps.

Amener à sa tente Détchéma, la « faiseuse de joie », subir la curiosité et les questions des pasteurs de la tribu et de ses propres serviteurs, ne serait-ce pas rompre le charme, mettre prématurément fin à la merveilleuse aventure qu'il vivait depuis la veille? Le jeune chef se rendait vaguement compte que Détchéma, dans sa tente, cesserait d'être la Détchéma ensorcelante qu'il avait tenue serrée dans ses bras. Elle s'était enfuie de chez les siens, disait-elle. Peut-être était-ce qu'eux aussi avaient voulu l'emprisonner dans un logis: tente ou maison, et, elle, la fée ou la fille-démon, ne pouvait vivre que libre, parmi l'espace.

Détchéma! Détchéma! faiseuse de joie, quel

mirage se levait à ta voix! Des jours et des nuits d'amour le long des pistes, à travers les montagnes. L'âme de batteur d'estrade qui logeait en Garab exultait d'enthousiasme. Il fallait que ce mirage devînt réalité.

— Mes hommes m'attendent, dit-il en se levant. Nous devons tenir conseil. Je reviendrai près de toi dès que je serai libre.

Les discussions commencées dans la matinée au sujet de la partie du butin à négocier avaient été interrompues à l'heure du repas sans qu'aucune décision ait été prise. Pas plus que ses compagnons, Garab n'avait été capable d'arrêter un plan entièrement satisfaisant. Mais, suggérées par les nouveaux sentiments qui l'animaient, les idées surgissaient, maintenant, en foule dans son esprit.

Pourquoi, se disait-il, ne s'occuperait-il pas lui-même de la vente des marchandises volées? Il lui suffirait de s'adjoindre quelques-uns de ses hommes et, tous s'étant transformés en marchands pacifiques, de s'acheminer vers Lhassa. Tant de commerçants, venant de régions différentes, y apportent des marchandises de toutes espèces que, mêlées à ces nombreux confrères, leurs personnes et leurs transactions n'attireraient aucune attention particulière. Les prix qu'ils obtiendraient des choses mises en vente seraient aussi plus rémunérateurs à Lhassa qu'ailleurs. La prudence s'accordait donc, ainsi, avec l'intérêt; ses camarades approuveraient, certainement, son idée. Et, s'il emmenait Détchéma dans ce voyage, il lui serait facile de leur faire comprendre que la présence d'une femme parmi eux servirait à témoigner qu'ils étaient des gens paisibles et honnêtes. Pour mieux accentuer, encore, le caractère respectable du groupe qu'ils formeraient, ne pourrait-il pas raconter que sa pieuse épouse avait saisi l'occasion du voyage d'affaires de son mari pour aller en pèlerinage à la ville sainte ?

Cette idée d'un pèlerinage supposé retint la pensée du brigand. Pourquoi n'en ferait-il pas une réalité ?

Une crainte superstitieuse venait de saisir Garab. Il était trop heureux. Durant les mois précédents, plusieurs expéditions lui avaient été grandement profitables et la valeur du butin raflé la veille dépassait de beaucoup celle des prises antérieures. Puis, il avait conquis Détchéma. Une chance aussi persistante constituait un danger pour lui. Il fallait que, volontairement, il sacrifiât quelque chose de ce qui lui appartenait, faute de quoi, le sacrifice lui serait imposé par le sort[1]. Quelque malheur le frapperait, dans ses biens ou dans sa personne. Le métier qu'il faisait comportait bon nombre de risques ; une balle, au cours d'une rencontre, pouvait le blesser mortellement. Ou bien ce serait Détchéma qu'il perdrait.

Voyage, nuits d'amour, conjurer le mauvais sort, la jalousie des dieux et la malignité des démons, expiation nécessaire des péchés accumulés pendant dix années de brigandage ; toutes ces idées tourbillonnaient dans le cerveau du chef, tandis qu'il s'acheminait lentement vers l'endroit où la discussion devait avoir lieu.

Comme tous ses pareils, Garab admettait, sans l'ombre d'un doute, les fables et les multiples superstitions qui constituent la religion du commun des Tibétains. D'ordinaire, celles-ci ne tenaient guère de place dans ses pensées, mais elles venaient, présentement, de s'imposer à lui et le dominaient fortement.

1. Cette croyance est générale au Tibet.

— Camarades, commença-t-il, dès qu'il se fut assis sur l'herbe près de ses hommes, avez-vous compris qu'hier nous avons péché très gravement ? Sans doute, nous ne menons pas une bonne vie, mais, jusqu'à présent, nous n'avions attaqué que des marchands qui visaient à s'enrichir. Nous avions le même désir qu'eux et, autant qu'eux, nous avions le droit de le réaliser. Ce que nous possédons, nous ne l'avons pas volé sournoisement, comme des lâches ; nous nous sommes battus, il y eut des blessés parmi nous et le pauvre Tobdén a été tué l'année dernière.

« Nous ne sommes point avares ; nous ne refusons jamais l'aumône aux nécessiteux et nous subvenons libéralement aux besoins des membres du clergé qui lisent les Saintes Ecritures et célèbrent les rites religieux dans nos campements respectifs. Bref, si nous ne sommes pas tout à fait blancs, nous ne sommes pas, non plus, tout à fait noirs.

« Mais hier, il s'agissait de pieux voyageurs. Tout ce qu'ils transportaient était destiné à être offert au Dalaï Lama. En ce qui concerne ces pèlerins, nous ne les avons point molestés. L'intention qu'ils ont eue d'offrir ces dons équivaut au fait de les avoir réellement offerts ; les bons effets, dans cette vie et dans celles qui la suivront, des mérites qu'ils ont acquis seront identiques et, par conséquent, nos torts envers eux sont minimes. Tout bien considéré, en écourtant leur voyage, nous leur avons même évité une grande somme de fatigue ; leur santé s'en trouvera bien. Ne nous tourmentons donc pas l'esprit à leur sujet.

« Ce qui compte, c'est le butin que nous avons saisi, toutes ces choses destinées à un pieux usage. Allons-nous les vendre et nous en approprier le produit ? Ce serait, là, voler la religion, une faute très grave. J'avoue qu'elle m'effraie ; ses conséquences en ce monde et en d'autres peuvent être terribles.

« Je pense aussi, que la bonne chance nous a été singulièrement fidèle depuis longtemps.

Songeant surtout à lui, Garab oubliait les blessés et le mort des expéditions précédentes, et ses compagnons, uniquement préoccupés, aussi, de leur avantage, les oubliaient de même.

— Cette bonne chance persistante me fait peur, continuait le chef. Vous savez qu'elle attire le malheur. Devons-nous braver le sort en bénéficiant, encore, d'un gain considérable ? Qu'en pensez-vous ? Pour moi, je doute que cela soit prudent. Il conviendrait, je crois, de faire un sacrifice, de renoncer à une part de profit pour mieux nous assurer la possession du reste et sauvegarder notre sécurité.

« Et puis, voici qu'une occasion exceptionnelle nous est offerte d'effacer nos péchés passés et, même, d'expier, d'avance, ceux que nous commettrons dans l'avenir en offrant de magnifiques présents au Dalaï Lama. Nous arrivera-t-il jamais de nous trouver, de nouveau, munis d'autant de choses précisément convenables pour lui en faire hommage, puisqu'elles ont été choisies à dessein ? Pourquoi ne profiterions-nous pas de ce que celles-ci sont en nos mains pour en réserver une partie qui constituerait un don éminemment méritoire et nous vaudrait la bénédiction du Précieux Protecteur (le Dalaï Lama) qui nous garderait de tout mal dans notre périlleuse carrière ?

« J'ai dit. Que chacun réfléchisse et donne librement son avis.

Garab avait la parole facile et, chez les Tibétains, tous épris d'éloquence, il est rare qu'un beau parleur ne convainque pas ses auditeurs. Aucun de ceux qui l'avaient écouté ne songea à s'étonner que tant de judicieuses réflexions touchant, à la fois, une profitable prudence dans les affaires de ce monde et le pieux souci du salut spirituel, aient surgi en l'orateur tandis qu'il batifolait avec sa nouvelle maîtresse. La sincérité du chef était, d'ailleurs, entière et ses compagnons partageaient, sans restriction, les croyances qui motivaient ses propositions. Celles-ci furent adoptées avec enthousiasme.

Sur les cinquante-deux hommes que comprenait la bande, vingt furent délégués pour accompagner le chef dans son voyage. En même temps que pour leur propre bénéfice, ils allumeraient des lampes sur les autels des déités, feraient les génuflexions requises et recevraient, par procuration, la bénédiction du Dalaï Lama pour ceux de leurs camarades qui s'en retourneraient chez eux. Le mérite serait égal pour tous, comme seraient, aussi, égales les parts du gain réalisé sur les marchandises vendues.

Tous parfaitement satisfaits, ceux qui allaient partir pour Lhassa échangèrent leurs grossières houppelandes en peau de mouton contre des robes en drap enlevées aux pèlerins, se coiffèrent de chapeaux à oreillettes fourrées, quelques-uns ornés d'un galon d'or, chaussèrent les meilleures bottes qu'ils purent trouver dans leur butin et, en un tournemain, prirent l'aspect de marchands cossus.

Chacun d'eux, bien armé par surcroît, se sentait prêt à défendre vaillamment *leur* bien si, par hasard, des malandrins faisaient mine de le convoiter de trop près. Au changement de leur apparence extérieure et du but de leur chevauchée à travers le pays avait, soudain, correspondu une transformation de leurs sentiments intimes. Une âme de mercanti, rapace et dévot, habitait, maintenant, en chacun d'eux et ils toisaient avec un éloignement instinctif, leurs camarades demeurés en tenue de pasteurs, batteurs d'estrade, comme si ceux-ci avaient appartenu à une caste différente de la leur et quelque peu méprisable.

— Détchéma, nous n'avons plus qu'un jour à passer ici, le temps de procéder à quelques préparatifs. Après-demain, avant l'aube, nous lèverons le camp.

— Et dans cinq jours tu seras chez toi.

— Qui sait... répondit évasivement Garab. Regarde ce que je t'apporte.

Il déployait un vêtement de femme, en drap bleu sombre et une chemisette en soie rouge vif.

— Est-ce à ton goût? demanda-t-il. Et, avant que son amie ait pu lui répondre, il ajouta: « Il y a mieux encore. »

De la poche (*amphag*) que forme, sur la poitrine, la très large robe des Tibétains serrée par une ceinture, il retirait un long collier d'agate et de corail et un de ces reliquaires que les Tibétains portent, comme un ornement, suspendu à leur cou. Celui-ci était en or, garni de turquoises.

— Es-tu contente? demanda-t-il de nouveau.

— Oh! merveille! s'exclama Détchéma, transportée de joie.

— Une autre surprise t'attend encore, reprit joyeusement Garab, mais elle est réservée pour après-demain.

Ils soupèrent ensemble, à la tombée du jour. Détchéma ne se lassait pas de regarder et de toucher ses bijoux et sa belle robe ; elle songeait, aussi, à la surprise promise. Que serait-ce? D'autres bijoux, un rouleau de soie de Chine pour confectionner une robe plus belle encore que celle qui lui avait déjà été donnée, ou bien une jolie mule trottant l'amble, dont son amant lui ferait cadeau.

Puis, la nuit vint ; la féerique procession des étoiles illumina le ciel. Détchéma sentit les lèvres chaudes du jeune chef se poser sur les siennes ; toutes les choses du monde s'effacèrent de son esprit. Elle et lui ne furent plus qu'un même ardent désir.

Dans la fraîcheur qui précède le lever du jour, chevaux et mules piaffaient et secouaient leurs sonnailles, prêts à se mettre en marche. Les hommes qui allaient se séparer se faisaient leurs adieux, échangeant bruyamment les multiples souhaits en usage au Tibet.

Détchéma était en selle, près de Garab, dans le groupe des pseudo-trafiquants.

— En route ! cria le chef, et se penchant vers son amie : « Détchéma, dit-il, tout bas, la surprise promise : nous allons à Lhassa... Plus d'un mois de voyage ! Es-tu heureuse, bien-aimée ? »

Le flot impétueux d'une joie sans borne envahit la jeune femme. Elle tressaillit violemment et sa main imprima une si brusque secousse à la bride qu'elle tenait, que sa monture fit un soubresaut. Détchéma perdait l'équilibre quand Garab la saisit vigoureusement par la taille, la maintenant en selle. Rapidement calmée, la mule, de tempérament paisible, reprit tout de suite son allure tranquille, mais le bel aventurier ne retira pas le bras qui ceinturait sa maîtresse et ce fut en chevauchant liés l'un à l'autre, pendant un long moment, que tous deux s'en allèrent vers leur étrange destin.

Chapitre II

La jeunesse d'un grand chef de brigands. – Le fils d'un dieu

L'origine du beau cavalier qui s'en allait, à la tête de sa caravane, un sourire triomphant aux lèvres, était à la fois très humble et singulièrement romantique. Sa défunte mère avait été la servante-esclave[1] d'un opulent propriétaire terrien, quant à son père, personne, pas même la femme qui avait conçu de ses œuvres, ne savait rien de lui.

Lagspa, l'homme riche, voyait ses bien s'accroître et se réjouissait de sa prospérité, mais d'autre part, la stérilité de son épouse Tchösdön l'affligeait grandement. Il avait déjà dépensé des sommes considérables en offrandes aux déités, en dons aux monastères et en aumônes, lorsqu'un ascète de passage lui conseilla de faire avec sa femme un pèlerinage au lieu le plus saint du monde : le Khang Tisé[2], l'assurant que c'était là, pour lui, un moyen certain d'obtenir un héritier.

1. Il existe encore, au Tibet, une sorte d'esclavage très mitigé.
2. La montagne, située au sud-ouest du Tibet, que les Hindous appellent Kailas et sur laquelle ils placent la demeure du dieu Çiva et de son épouse Parvati. Elle est un lieu de pèlerinage pour les Tibétains et pour les Hindous. Nombre d'ermites vivent sur ses pentes.

L'ascète voyageur avait une mine imposante, il parlait avec assurance et Lagspa inclinait à suivre son conseil. Toutefois, des environs de Hor Kanzé, où il résidait, à la sainte montagne, la route est longue, il faut traverser le Tibet de bout en bout. Le désir d'avoir un fils l'emporta pourtant, chez les époux, sur toutes les considérations concernant la longueur et les difficultés du voyage. Ils se mirent en route, accompagnés de trois serviteurs et de Niérki, une jeune servante-esclave attachée au service particulier de Tchösdön.

Animés d'une foi profonde, les époux multiplièrent les pratiques de dévotion dans les temples voisins de la montagne. Ils firent aussi le tour de celle-ci, s'arrêtant en des cavernes que les légendes désignaient comme ayant été visitées par des dieux ou habitées par de saints ermites, espérant l'apparition miraculeuse de l'un de ceux-ci qui leur annoncerait que leurs vœux seraient exaucés.

Bien qu'ils n'eussent pas à solliciter une grâce du même genre — car chacun des trois hommes était père et la jeune Niérki n'était pas encore mariée —, la ferveur des quatre serviteurs ne le cédait en rien à celle de leurs maîtres. Eux aussi brûlaient des bâtonnets d'encens, allumaient des lampes et passaient des heures dans les antres sacrés en récitant mille et mille fois: *Aum mani padmé hum!*

Toutes les dévotions prescrites ayant été dûment accomplies, Lagspa, Tchösdön et leur suite prirent le chemin du retour. Ils en avaient à peu près parcouru la moitié lorsque Tchösdön annonça à son mari que, sans aucun doute possible, le miracle espéré s'était produit. Elle allait être mère. Le miracle avait même été double car, peu après, Niérki s'aperçut qu'elle aussi était enceinte.

La grossesse de Tchösdön s'expliquait tout naturellement, mais le mystère entourait celle de sa servante. Les trois domestiques, hommes honnêtes et véridiques, nièrent énergiquement qu'aucun d'eux y fût pour quelque chose et Niérki confirma leurs dires.

Pressée de questions par ses maîtres, elle raconta une histoire extraordinaire. Elle s'était endormie, un soir, dans une des cavernes tandis qu'elle répétait *mani*[1]. Le contact de mains qui la touchaient l'avait réveillée et elle avait vu, couché près d'elle, le Grand Dieu du Khang Tisé. Il était presque nu, une peau de tigre entourait ses reins, sa figure était pâle comme la lune, un collier de gros grains de *roudrach*[2] tombait sur sa poitrine. La terreur et l'adoration qui se mêlaient en elle la paralysaient. L'eût-elle même voulu, elle n'aurait pu ni appeler ni tenter de fuir ; mais songe-t-on à résister à un dieu ?

Lagspa était dévot, passablement crédule, il eût volontiers accepté qu'un dieu auréolé de lumière fût apparu à son épouse, ou à lui, pour leur annoncer, gracieusement, que par un effet de son pouvoir, leur union deviendrait féconde. Mais qu'un dieu se fût occupé, lui-même, de pourvoir une fille vierge d'un enfant, lui semblait un miracle suspect. De tels faits sont, il est vrai, rapportés dans des légendes vénérables, il préférait ne pas les mettre en doute, mais ces prodiges dataient d'époques très lointaines, il n'admettait guère qu'ils pussent se répéter de nos jours et à l'occasion de sa servante.

La petite avait, pourtant, toujours été sage et elle

1. La formule *Aum mani padmé hum!*

2. Les *roudrachs* sont des graines d'arbres consacrées à Çiva. Les ascètes çivaïstes portent des colliers faits de ces graines enfilées. Dans les légendes et les images populaires, le dieu Çiva est représenté ayant le teint très blanc, portant un collier de *roudrachs* et ceint d'une peau de tigre.

paraissait sincèrement convaincue de ce qu'elle racontait. Son récit devait être vrai. Seulement, au lieu du Grand Dieu de Kailas qu'adorent les Hindous, le sceptique et raisonnable Lagspa voyait un des fidèles de ce dieu : un de ces yoguins qui drapent leur nudité dans des peaux de tigre ou de léopard, portent des colliers de *roudrachs* et s'enduisent le visage de cendre, ce qui les rend « blancs comme la lune » et tout pareils à leur dieu tel qu'il est peint sur les images.

L'innocente Niérki avait été mystifiée par un de ces lubriques pseudo-saints hommes qui hantent les cimetières, mangent la chair des cadavres et s'adonnent aux plus abjectes pratiques. Fallait-il le lui dire ? Fallait-il souiller son imagination qui restait pure et substituer la honte et le remords au rêve enfantin dont elle se berçait ? Lagspa, en brave homme, crut que ce serait mal agir. Il feignit d'accepter l'histoire de la paternité surnaturelle et en parla à mots couverts à ses domestiques, leur recommandant, toutefois, de ne rien ébruiter de ce mystère et de dire, à leur retour, que Niérki avait été mariée et que son mari était mort, peu après leur mariage. Les trois hommes promirent de se conformer à ses ordres, non sans penser, à part eux, que le père de l'enfant à naître pouvait bien être leur patron lui-même qui, dans son désir d'avoir un fils, avait tenu à multiplier ses chances.

Quant à Niérki, il lui fut sévèrement défendu de jamais mentionner sa nuit d'amour avec un dieu. Elle, aussi, devrait répéter qu'elle était devenue veuve peu après son mariage. Mais à la maison de Lagspa et, dans son voisinage, tous allaient partager la croyance des trois domestiques quant à la paternité du riche propriétaire.

Peu après leur retour chez elles, les deux femmes

accouchèrent à quelques jours d'intervalle, chacune d'elles donnant le jour à un fils. Lagspa choisit, pour l'enfant de sa servante, le nom de Garab (« joie parfaite » ou « parfaitement heureux ») comme étant de bon augure et pensant qu'il porterait chance au pauvre petit privé de père.

L'enfance de Garab ne fut marquée par aucun événement notable. Du même âge que le fils du maître, il fut, d'abord, son compagnon de jeu et, ensuite, quelque peu son compagnon d'étude, lorsque Lagspa engagea un chapelain[1] qui devait joindre à ses fonctions religieuses celle de précepteur.

Beaucoup plus rapidement que son condisciple, Garab sut lire, écrire et tenir un compte. Il lui était, d'ailleurs, supérieur en tout : en beauté, en force physique, en adresse comme en intelligence et Lagspa, malgré sa bonté naturelle et l'intérêt qu'il portait à l'enfant sans père, finit par en prendre ombrage. Ce fils d'esclave éclipsait son héritier ! Il lui supprima les heures d'étude et l'envoya travailler dans les champs ; mais, à ce moment, Garab avait déjà appris tout ce que son maître était capable d'enseigner : c'était peu de chose.

De bonne heure, aussi, Garab avait manifesté des tendances à la violence, une opiniâtreté et une fierté intransigeantes qui s'accordaient mal avec sa condition de fils d'esclave, esclave lui-même et, si doux que fût son servage, appartenant à un maître qui pouvait l'employer suivant son bon plaisir[2].

Plusieurs fois, il avait questionné sa mère au sujet de son père et celle-ci, obéissante, lui avait répété

1. Il est d'usage, au Tibet, que les gens aisés entretiennent dans leur maison un *amtchod* ou chapelain qui lit quotidiennement les livres saints ou procède à certaines cérémonies rituelles.

2. Mais son maître n'a pas le droit de le vendre. L'esclave et ses descendants restent attachés à la famille à laquelle ils appartiennent.

ce qu'on lui avait commandé de dire : qu'elle était veuve. Cependant, en grandissant, il surprit des remarques, le concernant, qui cadraient avec la bienveillance particulière que Lagspa lui témoignait et il interrogea de nouveau Niérki, abordant brutalement la question.

— Tu n'es pas veuve, c'est un mensonge. Mon père, c'est Lagspa, n'est-ce pas ? Alors, si tu es sa seconde femme[1] et, moi, son fils, pourquoi vivons-nous dans le logement des domestiques au lieu d'habiter dans sa maison avec sa première femme et mon frère ?

La pauvre Niérki, alarmée par l'audace du garçon, n'avait pu continuer à se taire. Elle lui avait conté la merveilleuse aventure qui lui était advenue au pied de la montagne sainte. Non, il n'était pas le fils du propriétaire et il n'avait aucun droit à vivre dans sa maison, mais son père surpassait grandement, en noblesse et en puissance, le riche Lagspa. Son père était le Grand Dieu de Kailas.

De tout ce récit, fait en pleurant, Garab n'avait noté qu'une chose : il n'était pas le fils du maître. Quant à être celui d'un dieu, il riait de ce conte. Sa mère, pensait-il, devait avoir l'esprit un peu dérangé.

Garab venait d'avoir dix-huit ans lorsque sa mère mourut. Le lendemain des funérailles il monta à la chambre du maître et, sans préambule, il le questionna :

— Suis-je votre fils, comme tous le soupçonnent ? Il serait honnête, dans ce cas, de me le dire, ne le croyez-vous pas ? et de me donner, chez vous, une place de fils, ou bien de m'aider à me créer, ailleurs, une situation convenable. Je n'ai nulle envie de rester domestique.

1. La polygamie est permise et légale, au Tibet.

Le ton hardi du garçon déplut à Lagspa.

— Tu n'es pas mon fils et je ne te dois rien, répondit-il froidement. Ta mère t'a-t-elle dit qu'elle a été ma maîtresse ?

— Non. Elle m'a raconté une absurde histoire de dieu.

— Cette histoire était, pour elle, celle d'un fait réel. Tu pécherais contre sa mémoire si tu concevais une mauvaise opinion d'elle.

Il lui raconta, alors, en détail, tous les épisodes du pèlerinage au Khang Tisé et lui fit part de ses propres déductions quant à la personnalité de l'homme qui l'avait engendré.

— Et maintenant que tu es instruit de ce qui concerne ton origine, conclut-il, rappelle-toi que je t'ai toujours bien traité. Je veux continuer à le faire, mais tu devras, aussi, te souvenir que ta mère n'était pas une femme libre. Elle appartenait à ma maison, comme ses parents avaient appartenu aux miens et toi, de même, tu es à moi. Ne te forge donc pas d'idées folles. Tu n'as pas à aller ailleurs, ni à te créer une situation. Tu dois rester ici et accomplir, de bon cœur, les tâches qui te seront données. Tu n'auras pas à craindre la faim, tu seras vêtu comme il convient et tu auras un abri assuré pour tes vieux jours.

Le maître s'étant tu, Garab avait quitté la chambre sans saluer.

« Décidément, il faudra que j'avise, pensa Lagspa, après son départ. Ce garçon devient insolent. Il doit être maté ; une légère bastonnade, administrée en public, serait peut-être indiquée. J'y penserai demain. »

Mais le lendemain, en s'éveillant, Lagspa trouva un billet laconique attaché à la porte de sa chambre.

« Oncle[1] Lagspa, avait écrit Garab, mes idées diffèrent trop des vôtres pour que je puisse continuer à vivre près de vous. Travail mérite salaire. Ma mère vous a servi pendant toute sa vie et j'ai appris de vous que ses parents avaient, de même, servi les vôtres. Quant à moi, je vous ai, plus d'une fois, été utile. Trouvez donc bon que je me rétribue et, en même temps, rétribue faiblement le labeur des miens, puisque, votre père et vous, avez omis de le faire. »

Garab était parti, dans la nuit, sur le meilleur cheval de son maître, deux grands sacs bourrés de vivres suspendus à sa selle.

Quand le soleil se leva, le fugitif était déjà loin. La journée s'annonçait belle et chaude, un air d'allégresse était répandu sur les choses et Garab se sentait envahir par une joie forte qu'il n'avait pas encore connue. Il était libre ! Finies les tâches fastidieuses, finie la soumission, fini d'être l'outil que meut la volonté d'autrui ! Garab aspirait l'air vivifiant des hautes régions, il s'en grisait, la poitrine dilatée, promenant sur le paysage environnant un regard de conquérant.

Pour l'instant, il ne tendait à aucun but, il n'avait formé aucun plan. Sa fuite, bien que préparée de longue date dans les ténèbres de son subconscient, avait été, en fait, un acte impulsif et, n'ayant rien projeté, il demeurait indécis quant à la conduite qu'il devait tenir.

Durant toute la nuit, il n'avait songé qu'à la nécessité de mettre rapidement la plus grande distance possible entre lui et la maison de Lagspa. Cette nécessité subsistait, mais il avait le choix quant à la direction dans laquelle il s'éloignerait.

1. Oncle *akou :* un terme poli, mais familier très employé au Tibet et qui ne dénote pas nécessairement une véritable parenté.

Garab réfléchit: Qu'allait penser Lagspa? Evidemment, il imaginerait que le fils de sa défunte esclave, dénué d'argent, songerait à se défaire, au plus tôt, du cheval de prix qu'il avait emmené. Et, pour le vendre le plus avantageusement possible et hors d'atteinte de son propriétaire, il gagnerait un grand centre chinois. Garab avait fréquenté des soldats chinois cantonnés dans la région et, avec eux, avait appris suffisamment leur langue pour pouvoir se tirer d'affaire, sans interprète, dans toutes les circonstances qui n'exigeraient pas un vocabulaire important. Lagspa le savait et Garab, résumant ses raisonnements, en déduisait qu'il le ferait rechercher sur la grande route de Dartsido[1]. Il fallait donc qu'il prît une autre direction. S'étant décidé, il s'engagea dans le premier sentier qu'il rencontra menant vers le Nord, à travers des forêts.

Vraiment Garab manquait d'argent, mais le contenu des grands sacs qu'il avait bourrés de viande séchée, de *tsampa,* de beurre et de thé, lui assurait plusieurs semaines de nourriture. Il avait du temps devant lui et mieux valait employer son cheval à le mener loin que de le vendre en hâte.

Des jours passèrent, Garab chevauchait par les montagnes, savourant, à loisir, les joies toutes neuves, pour lui, d'une liberté complète. Dans les clairières ou les pâturages déserts où il s'arrêtait, l'herbe, en cette saison, était abondante et son cheval y trouvait de quoi paître amplement.

Ce cheval, une superbe bête noire, n'avait encore que quatre ans; il était né chez Lagspa. Alors Nagpo – c'était le nom du cheval! – n'était encore qu'un poulain turbulent et Garab un fougueux gamin, tous deux avaient, souvent, folâtré

1. Nom tibétain local de la ville nommée Tachienlu sur les cartes, à l'extrême ouest du Szetchouan.

ensemble dans les prairies. Garab n'était guère sentimental, pourtant, il éprouvait un vague besoin d'aimer et d'être aimé qu'il ne satisfaisait avec aucun de ceux qui l'entouraient. Sa mère, une simple et timide créature à l'esprit borné, l'aimait certainement mais ne le lui avait jamais témoigné par des câlineries ou des mots caressants auxquels, sans les connaître, l'enfant aspirait inconsciemment. Lagspa était un maître bienveillant, mais distant, et son fils, un compagnon de jeu passablement égoïste. Nagpo qui venait à lui en hennissant et frottait ses naseaux contre sa poitrine donnait à Garab l'impression d'une affection plus vivante, plus chaude, qui effleurait, dans le tréfonds de son être, des cordes que les autres ne savaient point faire vibrer. Une sorte d'amitié s'était ainsi nouée entre le jeune garçon et le jeune cheval et la solitude resserrait celle-ci entre le serviteur en fuite et la bête qu'il avait volée. Vendre Nagpo ! Garab éprouvait, maintenant, une sensation pénible lorsqu'il y pensait. Il lui était arrivé, se réveillant dans la nuit, d'aller entourer de ses bras et presser contre lui la tête de son compagnon attaché près de là, dans quelque fourré qui les dissimulait tous deux.

Pourtant, ses vivres épuisés, que ferait-il ? On ne demande pas l'aumône monté sur un cheval valant un haut prix. Et où donc le menaient les sentiers qu'il suivait ? Il n'avait aperçu, depuis qu'il avait quitté la grande route, que deux hameaux infimes qu'il avait évités en passant sous bois.

Dès l'origine, il avait écarté toute idée de redevenir domestique. La vente de Nagpo pouvait lui mettre en main une somme assez forte pour entreprendre un petit commerce ou pour s'associer avec un marchand déjà établi. Mais sa décision devenait de plus en plus ferme : il ne se séparerait pas de Nagpo. Alors ?...

Sa joie assombrie par ces préoccupations, Garab continuait à cheminer sans but, lorsque, traversant des alpages déserts, il aperçut, au loin, une troupe de six cavaliers armés et sans bagages, qui avançaient dans sa direction. Le doute n'était guère possible : ces hommes étaient des brigands. L'endroit n'offrait aucun abri permettant de se cacher ; d'ailleurs Garab avait été vu, les bandits pressaient le pas de leurs chevaux. Garab arrêta le sien.

Une illumination soudaine s'était faite en son esprit. Dans ces cavaliers qui accouraient, il venait de voir son destin qui le réclamait.

Le cœur battant précipitamment, mais calme en apparence, bien campé sur sa monture, souriant un peu et vaguement hautain, il attendait.

— Mets pied à terre !... Donne ton cheval et ne cherche pas à cacher ton argent ! s'exclamèrent les brigands arrivant près de lui.

Le sourire de Garab se fit narquois.

— Mon cheval vous sera plus utile si je le monte, répondit-il. Je n'ai pas d'argent, mais je compte bien en avoir avant peu. Comprenez-vous, camarades ? Et les dévisageant tous les six, il ajouta : « Je vous cherchais. »

Les brigands demeuraient stupéfaits. Qui était ce singulier voyageur ?

— D'où viens-tu ? demanda l'un d'eux.

— Entre « braves », on évite les questions, répliqua tranquillement Garab.

— Ce cheval est à toi ?

— Comme les vôtres sont à vous, puisque vous les montez.

— Tu l'as volé ?

— Mettons gagné, ou emprunté, comme vous voudrez.

Les rustres éclatèrent de rire.

— Tu sembles être un joyeux luron, dit celui qui paraissait être le chef. Et tu nous cherchais, as-tu dit ?

— J'ai envie de faire fortune, je viens de vous le dire. Je cherchais de hardis camarades. Je ne sais pas encore si vous êtes ceux-là.

— Tu es grand et fort, mais encore bien jeune. As-tu déjà pris part à des expéditions ?

— Vous en jugerez quand vous me verrez à l'œuvre.

— Quoi !... Tu demandes à être des nôtres... Un inconnu !

— Nous pouvons faire connaissance et causer affaires. J'ai du thé de premier choix. Allumons du feu, asseyons-nous et buvons. De bonnes idées nous viendront probablement.

Les brigands étaient subjugués par cette audace et cette tranquillité. Le voyageur, pensaient-ils, devait provenir d'une bande opérant dans une autre région, qui s'était dispersée à la suite d'une défaite ou pour d'autres raisons. Il était, bel et bien, de la graine du pillard de haut vol.

Dans la conversation qui suivit, Garab sut se faire valoir, tout en éludant habilement les questions relatives à sa personne et à ses aventures. Ceux qu'il avait rencontrés n'étaient que de médiocres détrousseurs de voyageurs ; leur intelligence bornée ne pouvait se mesurer, avec chance de succès, contre celle de Garab. Finalement, ils l'invitèrent à devenir des leurs.

Garab accepta. Il gardait Nagpo et, en attendant qu'il puisse « gagner » ou « emprunter » de quoi commencer sa fortune, un des brigands lui offrait un gîte chez lui, dans un village de la montagne.

La rapidité inusitée de la décision des brigands à l'égard de Garab tenait à ce qu'ils méditaient l'attaque d'un convoi qui devait passer sur la route, six ou sept jours plus tard. L'affaire se présentait comme pleine de risques. Les marchands et leurs domestiques seraient nombreux et bien armés et la bande, dont six des membres avaient abordé Garab, ne comptait, en tout, que onze hommes. Un douzième compagnon, brave et résolu comme l'inconnu semblait l'être, la renforcerait utilement.

Quelques jours plus tard, Garab débutait brillamment dans une carrière qu'il n'aurait peut-être pas délibérément choisie, mais qu'il acceptait sans répugnance ni regret, le cœur léger, presque joyeux. Il allait, bientôt, s'éprendre de son dangereux métier et s'y illustrer.

Trois attaques, couronnées de succès, auxquelles il participa, lui firent réaliser de petits bénéfices et il en profita pour prendre amicalement congé de ses premiers compagnons d'armes. Bien que ceux-ci n'eussent jamais soupçonné sa véritable identité, il préférait s'éloigner davantage du pays où il avait passé sa jeunesse. Des bandes nombreuses et bien armées opéraient, à cette époque, dans la région avoisinant les sources du Fleuve Jaune. Garab se dirigea de ce côté. Il finit par vaincre la méfiance des pasteurs-brigands du pays et par s'établir parmi eux.

Pendant trois années, il fit campagne dans les solitudes du Tibet septentrional que traversaient, alors, les riches caravanes des pèlerins mongols et des marchands chinois. Sa bravoure et son adresse le mirent en évidence. Ses biens s'accrurent ; il eut ses tentes au campement et son bétail dans les pâturages.

Puis un jour, les brigands, généralement vainqueurs, se heurtèrent à une résistance plus forte qu'ils ne l'avaient prévue. A leur insu, deux caravanes s'étaient réunies pour traverser la zone dangereuse. De bons tireurs se trouvaient parmi les voyageurs ; quatre brigands furent tués, d'autres blessés et leur chef tomba de son cheval mortellement atteint. Sa chute, venant après leurs pertes déjà sérieuses, jeta la panique parmi les malandrins.

Ils battaient précipitamment en retraite quand Garab, au galop, rejoignit les fuyards et, s'élançant devant eux, leur barra le chemin. Avec des gestes véhéments, il leur montrait le butin auquel ils renonçaient, rallumant leur convoitise, les cinglant d'une grêle d'injures, raillant cruellement leur lâcheté, les provoquant et, finalement, il les ramena, enragés, au combat.

Les caravaniers ne purent, cette fois, soutenir le choc de cette horde démoniaque. Victoire et butin demeurèrent aux pillards.

Le lendemain, après avoir tenu conseil, les hommes, à l'unanimité, choisissaient Garab pour remplacer leur chef tué dans la bataille.

Chapitre III

Pèlerinage de bandits à Lhassa. – Chez l'Omniscient. – Chez le voyant. – Le passé d'une visionnaire.

Voici Lhassa couchée dans la plaine, au pied du Potala élevant vers les nues la masse abrupte de son palais-forteresse, casqué de toits d'or.

Pas un voyageur tibétain n'aborde la cité sainte sans éprouver un sentiment profond de ferveur respectueuse. La Ville mystérieuse et farouche, demeurée si longtemps inviolée sous la garde des plus hauts monts du monde, est, pour des millions d'Asiatiques, ce que sont, pour des mystiques d'autres races, Rome, Jérusalem ou La Mecque et quelque chose de plus encore. Tandis que le caractère sacré des autres villes saintes est dû à des faits historiques, celui de Lhassa tient à des causes occultes. Cette « terre des Dieux »[1] baigne dans une atmosphère spéciale et confine à un monde différent de celui que perçoivent nos sens ordinaires. Des montagnes dénudées qui encadrent l'immense vallée où la multitude des maisons basses et blanches semble une foule agenouillée en prière, des souffles singuliers descendent et flottent, enveloppant insidieusement les êtres et les

1. *Lha*: dieu, *sa*: terre.

choses, les pénétrant, les remodelant, leur prêtant une âme ou un aspect nouveau, pour quelques jours ou pour des siècles. Lhassa n'est pas seulement un lieu où s'opèrent des prodiges : Lhassa *est* un prodige.

Garab et ses compagnons entraient à Lhassa et, tout de suite saisis par les influences ambiantes, comme l'on revêt un nouveau vêtement, ils revêtaient des personnalités nouvelles. Ce n'étaient point de grossiers pillards, chargés des dépouilles de leurs victimes, mais de graves marchands, pieusement émus, qui défilaient, en quête d'un gîte, dans les rues de la capitale tibétaine.

Sauf à l'époque des grandes fêtes, pendant le premier mois de l'année[1], les logis vides ne manquent point à Lhassa et quand se présentent des voyageurs bien vêtus, montant de bonnes bêtes et amenant des balles de marchandises, les offres des logeurs à l'affût des clients ne leur font point défaut. Garab et les siens furent bientôt installés à l'extrémité de la ville dans une maison pourvue d'une vaste cour et d'une grande écurie. Par mesure de prudence, ceux des hommes jouant le rôle de domestiques logeraient dans un bâtiment attenant à celle-ci. Ces chevaliers de grands chemins entendaient ne pas laisser aux maraudeurs locaux la moindre occasion de voler les bêtes *acquises* par eux. Quelques autres que leur bonne mine avait fait désigner pour remplir les rôles supérieurs d'associés du marchand, de comptable et de secrétaire auraient une chambre commune à l'étage de la maison, et le grand négociant Garab, avec son épouse, occuperait une chambre particulière.

1. Le premier mois du calendrier tibétain commence à une date variable d'après l'âge de la lune, pendant notre mois de février.

Le lendemain de son arrivée, toute la bande se reposa. Garab fit apporter, d'un restaurant, un substantiel repas avec autant d'eau-de-vie qu'il en fallait pour l'arroser convenablement, mais trop peu pour obscurcir la lucidité de ses compagnons. Il s'agissait d'être sur ses gardes, une parole imprudente, échappée en état d'ivresse, pouvait avoir les pires conséquences. Depuis qu'il les commandait, Garab avait pris sur ses hommes un ascendant considérable. Ceux-ci lui reconnaissaient une intelligence supérieure à la leur et l'expérience leur avait démontré que profits et sécurité récompensaient leur obéissance à ses ordres toujours motivés. Or, Garab avait décidé qu'à Lhassa, tous seraient tempérants, sans excès d'austérité, que nul ne flânerait, le soir, par la ville, que les « domestiques » monteraient une garde vigilante auprès des marchandises et, qu'en plus, tous montreraient une piété sans exagération capable d'étonner, mais de bon aloi, comme il sied à des trafiquants honnêtes et prospères.

Les nouvelles circulent vite, à Lhassa, où le peuple est bavard. L'arrivée d'un riche marchand ne tarda pas à être connue. Garab et les siens n'avaient encore passé qu'une journée dans la ville lorsque, le matin suivant, une bruyante aubade de voix discordantes s'élevant à leur porte, les salua tandis qu'ils déjeunaient. C'étaient des *rogyapas* qui, conformément à une vieille coutume, s'en venaient réclamer la taxe qu'ils prélèvent sur tous les voyageurs de quelque importance qui entrent à Lhassa[1].

Ces *rogyapas* forment une caste particulière

1. La même coutume existe à Jigatzé. L'auteur fut gratifiée d'une aubade de ce genre pendant son séjour dans cette ville. Elle y échappa à Lhassa parce qu'elle voyageait, alors, sous le déguisement d'une pèlerine mendiante. Voir *Voyage d'une Parisienne à Lhassa*.

considérée comme impure. Il leur est interdit d'habiter dans la ville même et d'entrer dans les demeures des gens de condition honorable. Leurs principales fonctions consistent à enlever les cadavres d'animaux morts, à transporter ceux des humains à l'endroit où ils doivent être dépecés pour être livrés aux vautours et à se charger de ce dépècement.

L'impudence, maintenant passablement rabattue, des membres de cette corporation dépassait, autrefois, toutes limites. Les voyageurs qui refusaient de céder à leurs exigences se voyaient poursuivis par des bandes de ces grossiers individus, insultés et même assaillis et malmenés par eux chaque fois qu'ils paraissaient dans les rues et se trouvaient ainsi contraints, ou de céder à cette racaille, ou de quitter la ville.

Garab, bien informé à ce sujet, se hâta de faire porter aux quémandeurs une somme d'argent suffisante pour les contenter, sans les étonner par un excès de générosité capable d'attirer leur attention sur lui. Le concert de clameurs cessa aussitôt et les *rogyapas* se retirèrent.

Dans le courant de la même matinée, le « secrétaire » commença les démarches nécessaires pour obtenir une audience du Dalaï-Lama.

Lorsqu'un groupe comprenant un très grand nombre de pèlerins arrive à Lhassa, il est d'usage que le Lama-Roi reçoive ceux-ci en audience solennelle. Assis, les jambes croisées, sur un très haut trône, il est, alors, entouré de sa Cour: les membres de son conseil, les « *chapés* »[1], assis sur des tapis, les autres dignitaires, les fonctionnaires de sa maison, les gardes du corps et les serviteurs restant debout.

1. Littéralement: « pieds-lotus ». Ceux dont les pieds sont semblables à des lotus. Un titre honorifique.

Très souvent, un nombre plus ou moins considérable de fidèles réunissent, par cotisation, la somme nécessaire pour obtenir une audience. Nul n'est admis gratuitement à ces réceptions. La demande d'audience est, alors, faite au nom de celui qui a versé la plus forte somme et il est loisible, à celui-ci, de se faire accompagner par un nombre indéfini de parents, d'amis, ou même d'inconnus. Il arrive fréquemment que des pèlerins indigents, à l'affût d'un groupe se rendant à l'une de ces audiences, reçoivent la permission de s'y joindre en glissant simplement une piécette de valeur infime dans la main du chef de ces dévots.

L'offrande est, dans ce cas, déposée en bloc, au pied du trône, par le principal donateur marchant en tête du défilé. Derrière lui, ses compagnons se suivent en file indienne, chacun d'eux s'arrêtant un bref instant mains jointes et tête inclinée devant le Dalaï-Lama tandis que celui-ci lui effleure le crâne avec une sorte de plumeau composé d'un manche et d'une touffe de rubans multicolores.

Il est dit que le fluide bienfaisant émanant du Dalaï-Lama court d'abord le long du manche qu'il tient en main puis, ensuite, le long des rubans qui y sont attachés et, de cette façon, pénètre dans l'individu que ces rubans touchent.

La cérémonie est la même lorsqu'il s'agit de pèlerins apportant des dons individuels plus considérables. Chacun d'eux dépose, alors, lui même son offrande devant le trône, tandis que les secrétaires et les comptables de service prennent immédiatement note de l'argent et des objets offerts.

Il existe une autre sorte d'audience, moins pompeuse, mais plus estimée, réservée aux personnalités de marque et aux donateurs exceptionnellement généreux. En tibétain, cette audience est dénommée *zimetchoung*, c'est-à-dire « chambre » parce que les visiteurs sont reçus dans l'appartement privé du Dalaï-Lama[1].

Garab, autant par prudence que par vanité, fit solliciter la faveur d'une entrevue de ce genre. Il redoutait de se mêler et de mêler les siens à une foule parmi laquelle pourraient se trouver des gens qui connaissaient l'un ou l'autre d'entre eux, voire même des gens s'étant trouvés dans une des caravanes qu'il avait attaquées. L'audience privée ne comportait pas de dangers de ce genre, elle se passait dans une sorte d'intimité ; le Dalaï-Lama n'avait auprès de lui que deux ou trois de ses familiers et il était certain que nul de ceux-ci, pas plus que le Dalaï-Lama lui-même, n'avaient jamais vu ni Garab ni aucun de ses hommes. Et puis, la fierté du chef de bandits, fils d'un père inconnu et d'une servante-esclave, trouvait satisfaction à cette réception moins banale que le défilé en troupeau du commun des fidèles.

L'homme décoré, par Garab, du titre de secrétaire était un gaillard rusé possédant un rudiment d'instruction qui lui permettait de lire ou d'écrire quelques mots si besoin en était. Devant le sous-chambellan chargé d'examiner les demandes de réceptions privées, il passa, habilement, sans s'y appesantir, sur les renseignements concernant l'identité de son patron : un marchand aisé, établi à la frontière, chinoise disait-il, et aborda immédiatement l'énumération des présents qu'il se disposait à offrir en témoignage de sa vénération et afin d'obtenir la bénédiction du Précieux Protecteur pour lui et pour ses employés présents à Lhassa ou demeurés au siège de ses affaires.

1. Il en est de même à Jigatzé, chez le Péntchéen Lama (*alias* Tachi-Lama). Le dernier en date des Péntchéen Lamas, que l'auteur a connu personnellement, est mort en novembre 1937.

De même que l'on ne se présente pas les mains vides devant les grands lamas, l'on ne peut pas, non plus, approcher leurs chambellans sans s'être muni de cadeaux à leur intention et, pour parvenir jusqu'aux chambellans, il est également indispensable de se montrer généreux envers leurs sous-ordres de divers rangs.

Le « secrétaire » n'ignorait pas cette coutume et il y satisfit libéralement, aussi ne rencontra-t-il aucune difficulté dans l'accomplissement de sa mission. L'audience fut fixée à huit jours plus tard : une date propice, le 15 du mois lunaire, jour de la pleine lune.

Dans l'entre-temps, Garab et ses hommes s'occupèrent de la vente de leur butin, ne conservant que leurs montures et les mules nécessaires pour transporter les bagages pendant le voyage de retour. Les coquins furent heureux en affaires et liquidèrent leur stock à des prix qui eussent été avantageux même pour de véritables marchands ayant payé ce qu'ils vendaient. La bénédiction du Dalaï-Lama opérait d'avance.

Au jour dit, dès le matin, Garab et ses hommes firent ce qu'ils considéraient comme une toilette exceptionnelle : ils se lavèrent le visage et les mains, puis ils revêtirent les plus belles des robes dérobées aux pèlerins. Quelques-uns suspendirent une boucle à leur oreille droite, d'autres enfilèrent une grosse bague de jade à leur index. Enfin, l'heure venue, tous parfaitement recueillis et pénétrés de la gravité de leur action, partirent pour Norbouling, la résidence habituelle du Dalaï-Lama[1], en dehors de la ville, parmi des jardins.

1. Le Dalaï-Lama, treizième porteur de ce titre, qui régnait à cette époque, est mort le 17 décembre 1933.

Détchéma en robe de brocart bleu paon, parée de tous les bijoux que Garab avait retenus pour sa part de butin, chevauchait les yeux baissés, modeste et pudique, auprès de son « époux ».

A Norbouling, le groupe de malandrins parqué dans un coin des jardins attendit longtemps avant d'être introduit auprès du Dalaï-Lama. Le pieux recueillement des visiteurs en souffrait, se dissipait peu à peu, un sentiment de crainte s'infiltrait en eux.

Ils se trouvaient dans l'antre du lion. Le Précieux Protecteur, l'Omniscient[1] pouvait, au moindre soupçon qui lui viendrait de leur imposture, les faire torturer et exécuter. En même que l'incarnation du plus que divin Tchénrézigs dont la bonté est infinie, il est souverain temporel absolu du Tibet.

Garab sentit la peur rôder autour de ses compagnons. Que, sous son influence, l'un d'eux vînt à manquer de sang-froid, il pouvait se trahir et les perdre tous.

— On nous retient bien longtemps ici, venait de dire l'un des hommes.

Simulant, par ses gestes, qu'il s'entretenait avec eux de détails d'étiquette de l'audience, le chef groupa ses gens autour de lui et prononça à voix basse mais ferme :

— L'Omniscient ne peut se douter ni de ce que nous sommes ni de la provenance de nos présents. Il n'en saura jamais rien.

La sagesse parlait par la bouche de Garab. Evidemment, toutes les précautions nécessaires avaient été prises.

— Il ne faut penser qu'aux mérites que nous acquerrons, conseilla le « secrétaire ».

1. L'omniscient, *Thamtchéd khyenpa*, un des titres très souvent donnés au Dalaï-Lama par les Tibétains.

Une vague de religiosité passa, de nouveau, sur les fronts devenus soucieux, les rassérénant. Tout était bien, l'Omniscient ne saurait rien.

L'absurdité de cette ignorance d'un « omniscient » qu'ils s'apprêtaient à duper, tout en le vénérant, n'apparaissait à aucun des brigands. De même que pour tous leurs compatriotes, ce terme d'omniscient avait perdu, pour eux, sa signification propre et était devenu un simple et banal titre d'honneur, comme celui de majesté. Ce qu'avait déclaré Garab est journellement répété par les Tibétains à propos d'abus de pouvoir des autorités ou d'autres maux dont ils souffrent: « L'Omniscient ne le sait pas! »

Et, en vérité, l'Omniscient ne le sut pas ou, s'il le sut, dans son incomparable charité, il n'en laissa rien paraître, par pitié pour les pécheurs prosternés à ses pieds. Un dévot tibétain eût trouvé cette explication. Il accepta les pièces de soie de Chine, les turquoises, les lingots d'argent, des fusils, des selles, des tapis et les grandes mules que l'on amena en vue de l'endroit où il était assis.

Un donateur aussi généreux méritait plus que le simple effleurement du plumeau lamaïque. Le Dalaï-Lama daigna lui adresser la parole. A ses questions, Garab répondit de façon ambiguë, la tête inclinée. Il indiqua comme siège de son commerce, Sinkaïtzé, que les Chinois appellent Mow Kong, au pays des Gyarongpas[1], une localité trop éloignée pour que son nom puisse être familier au Dalaï-Lama ou à ceux présents près de lui. Quant à ses affaires, il se bornait, disait-il, à se procurer, de-ci, de-là, suivant les circonstances, des articles divers et puis les revendait au mieux.

1. Pays frontière de l'extrémité ouest de la province chinoise du Szetchouan, habité par des tribus d'origine tibétaine. *Gya*: chinois, *rong*: vallée, *gyarongpas*: gens (tibétains) établis dans les vallées chinoises.

Garab exposait ces choses d'une voix douce, timide, suggérant l'innocence d'un cœur pur.

— Soyez béni, mon fils, prononça le Dalaï-Lama, vous, votre épouse, vos serviteurs qui sont ici et ceux qui sont demeurés chez vous. Puissiez-vous jouir d'une longue vie, exempte de maladies et que vos affaires prospèrent de plus en plus.

Le défilé, réduit à vingt-trois participants, commença. Les rubans du plumeau caressèrent le crâne de chacun. L'audience était terminée. L'Omniscient ne s'était douté de rien. Il leur avait souhaité une longue vie et du succès dans leurs *affaires*. Quelles belles expéditions et que de butins en perspective !

La frénésie sensuelle qui possédait Garab et Détchéma n'avait pas décliné au cours de leur voyage ; toutefois l'atmosphère mystique apaisante dans laquelle ils s'étaient trouvés immergés, à Lhassa, avait, momentanément, agi sur eux comme sur leurs compagnons. La visite faite au Dalaï-Lama marqua le terme de cette accalmie. A leur retour à l'auberge, les deux amants parurent s'éveiller d'un songe ; un regard qu'ils échangèrent suffit et leur passion flamba plus ardente encore qu'auparavant.

Jamais, au cours de leur voyage vers Lhassa, l'idée du retour ne s'était, nettement, présentée à eux. Ils avaient vécu entièrement absorbés par les sensations de leur chair, sans rien voir au-delà des étreintes de la nuit précédente et de celles qu'amènerait la halte prochaine, mais, dans la nuit qui suivit l'audience à Norbouling, la vision du départ, fixé au surlendemain, surgit brusquement devant eux.

Ils allaient retourner sur leurs pas, marchant vers

les tentes de Garab, son rustique foyer de pasteur, où tous deux avaient craint de porter la merveilleuse aventure de leur amour, et la même crainte renaissait en eux. La vie au campement romprait, forcément, l'intimité continuelle qui faisait leur joie. La surveillance de ses troupeaux, des entreprises commerciales, des expéditions auxquelles une femme ne pourrait pas prendre part, réclameraient le jeune chef. Pendant des heures, des jours, des semaines, ils seraient séparés ; l'absence ferait son œuvre et, lentement, s'éteindrait l'ivresse dont ils savouraient les brûlantes délices. Oh ! pourquoi leur voyage devait-il finir, puisque avec lui finiraient, aussi, les meilleurs jours de leur vie !

L'aube les trouva aux bras l'un de l'autre, pensifs et attristés. Du long trajet qu'ils auraient à parcourir sur la voie du retour, ils ne voyaient que le terme haïssable.

Pendant cette dernière journée de son séjour à Lhassa, Garab devait régler plusieurs affaires et surveiller les préparatifs du départ. Il avait commandé, la veille, qu'on lui apportât de quoi déjeuner au lever du jour et l'un de ses hommes entrait dans la chambre, portant une grande théière pleine de thé au beurre.

— Chef, dit l'homme, nous devrons acheter de la *tsampa* (farine d'orge) et du beurre. Tsöndu a cru bien faire en en donnant une forte quantité à trois pèlerins qui sont passés, hier soir, après que vous vous étiez retiré. Ils quêtaient des provisions pour aller au Khang Tisé[1]. Cette aumône nous portera bonheur dans notre voyage de retour. Vous ne blâmerez pas Tsöndu, n'est-ce pas ?

1. Une très haute montagne au sud-ouest du Tibet. C'est le célèbre Kailasa des Hindous au sommet duquel leurs légendes placent la demeure du « Grand Dieu » (Mahâdéva) Çiva. Les Hindous et les Tibétains s'y rendent en pèlerinage. Depuis des siècles les pentes de la montagne sont habitées par des ermites.

— Il a bien fait, déclara Garab. Achetez de quoi remplir, de nouveau, les sacs dans lesquels il a puisé. Je prends la dépense entièrement à mon compte, mais le mérite de l'aumône nous est commun.

— Voilà qui est bien dit, s'exclama l'homme avec satisfaction. Je vais le répéter à Tsöndu.

Et il quitta la chambre.

— Le Khang Tisé, c'est très loin d'ici, dit Détchéma. Y as-tu été ?

— Je n'y ai pas été, répondit Garab, mais, d'après ce que disait ma mère, c'est là que j'ai commencé ma présente existence.

— Comment cela ? demanda Détchéma, curieuse.

Son amant ne répondit pas, il songeait. L'histoire singulière que sa mère lui avait racontée au sujet de son père divin et les suppositions plus prosaïques, mais plus vraisemblables, que son ancien maître, Lagspa, lui avait communiquées, lui revenaient à la mémoire. Quelle que pût être son origine, c'était au Khang Tisé qu'il avait été conçu et, tout à coup, l'association de sa personne avec la montagne sacrée s'imposa à sa pensée. Le désir lui venait de voir les lieux où des circonstances qu'il ne connaîtrait jamais avaient causé la venue en ce monde de celui qui allait être lui : Garab, riche propriétaire de troupeaux et chef de brigands. Les idées se suivaient, s'enchaînaient rapidement dans son esprit. Pour voir le Khang Tisé, il fallait effectuer un long, très long voyage d'une durée de plusieurs mois... Pourquoi n'irait-il pas au Khang Tisé, en pèlerinage, avec Détchéma ? Pourquoi accepterait-il d'écourter leur joie alors qu'un motif plausible lui donnait le moyen de la prolonger ?

— Je dois sortir à l'instant, dit-il à la jeune

femme, des affaires m'appellent. A bientôt, chère aimée.

Il la serra dans ses bras et la quitta précipitamment.

Au Tibet, nul n'entreprend une chose quelque peu importante sans avoir consulté un devin. C'était à la recherche de l'un de ceux-ci que Garab était allé afin d'apprendre de lui s'il devait, ou non, suivre l'impulsion qui le poussait à changer ses plans de voyage.

Un peu plus tard, Détchéma sortait à son tour pour consulter un devin et connaître ce que l'avenir lui réserverait au pays où son amant allait l'emmener.

Garab se rendit, immédiatement, au temple du Jowo[1]. Il se prosterna devant la statue du Seigneur, déposa une longue écharpe de soie blanche devant elle, priant pour que les lumières lui soient données concernant la route qu'il devait choisir et pour que rien de fâcheux ne survienne au cours de son voyage.

Les sacristains étaient déjà occupés à remplir d'eau claire les bols d'offrandes placés sur les autels. Garab s'approcha de l'un d'eux, lui remit le prix requis pour faire brûler cent huit petites lampes devant le Jowo et lui exposa que, marchand sur le point de retourner dans son pays, il désirait que l'on fît pour lui, un *mo* (pratique divinatoire) afin qu'il sût si le jour fixé pour son départ était, ou non, propice. Le sacristain voyant, devant lui, un homme de belle apparence et bien vêtu, en conclut que celui-ci ne regarderait pas à offrir des hono-

1. *Jowo*, en tibétain, seigneur. Ce temple, le plus célèbre du Tibet, renferme une statue très ancienne qui est censée représenter Gautama, alors qu'il était encore un jeune prince, avant de devenir un Bouddha.

raires élevés et il lui conseilla de s'adresser à un lama très renommé comme « voyant » qui habitait au monastère des rites *(gyud)*.

L'heure étant encore trop matinale pour solliciter admission auprès de ce personnage, Garab vaqua, d'abord, aux affaires qu'il devait terminer avec des marchands, puis, le moment lui paraissant convenable, il se présenta au monastère des rites. Des gratifications libéralement distribuées aux subalternes à qui il dut s'adresser en premier lieu le firent bien accueillir et disposèrent ceux-ci à présenter sa requête à leur maître en l'accompagnant d'un rapport favorable. Garab fut introduit auprès du lama.

Le brigand avait abordé, sans trop de crainte, l'Omniscient de Norbouling et, tout absorbé par son projet de pèlerinage au Khang Tisé, il ne s'était préoccupé que d'apprendre si les circonstances se prêtaient à ce que ce voyage s'accomplît heureusement ou s'il était préférable qu'il y renonçât. L'idée que sa démarche auprès d'un « voyant » pouvait être dangereuse ne lui était pas venue. Mais, lorsqu'il pénétra dans l'appartement sombre du lama, lorsqu'il vit celui-ci fixer sur lui ses yeux pénétrants et sentit, en même temps, converger, vers sa personne, les regards de tous les saints thaumaturges, toutes les déités redoutables, tous les démons subjugués dont les images décoraient les murs de la chambre, Garab fut pris de terreur. Ne venait-il pas de se livrer sottement ? Fuir était impossible ; il ne restait qu'à payer d'audace. Par un effort de volonté, le bandit se domina et formula sa question.

Les affaires commerciales qui l'avaient amené à Lhassa étant terminées, disait-il, il allait retourner dans son pays quand le désir lui était venu de différer ce retour afin d'accomplir un pèlerinage à la montagne sainte, le Khang Tisé. Devait-il obéir à ce désir, ou ferait-il mieux de ne pas y céder?

Le « voyant » l'écoutait-il? Garab sentait seulement poser sur lui un regard qui fouillait le tréfonds de son être.

Le silence se prolongeait, Garab se raidissait pour ne pas crier d'épouvante. Enfin, le lama parla :

— Je n'ai besoin ni de te poser des questions, ni de consulter, pour toi, des livres d'oracles, dit-il. Je vois clairement ton passé tourbillonner autour de toi ; il est lourd de causes amenant des effets dont tu es le jouet. Ceux-ci, et non ton propre désir, t'attirent vers le Khang Tisé. Vas-y, si *tu crois le vouloir*. Comme un fil ténu, j'aperçois le lien qui t'attache encore au pays d'où tu viens ; un souffle peut suffire pour le rompre. Autour de toi la tempête se lève. Tu as fait souffrir, tu souffriras.

L'audience était terminée, un geste du lama appelait son visiteur près de lui.

— Reprends cet argent, dit-il.

C'était l'offrande, qu'en entrant, Garab avait remise, en même temps qu'une écharpe de soie, à un serviteur du « voyant ». Selon la coutume, cet homme l'avait déposée, avec l'écharpe, sur une table placée en face du divan sur lequel son maître était assis.

En pareil cas, le refus d'accepter ce qui lui est offert équivaut à la malédiction du lama.

Terrifié, Garab se prosterna, incapable d'articuler une parole.

— Relève-toi, dit le « voyant ». Tu donneras cet argent à des pauvres ; je garde ton écharpe.

Sa voix était tranquille et douce. S'il refusait l'argent, il acceptait, pourtant, l'écharpe offerte avec celui-ci. Le don n'était pas entièrement rejeté ; Garab n'avait pas été maudit.

Hors du monastère, le bandit jeta les pièces d'argent à des mendiants qui passaient sur la route. Toute sa joie était tombée. Le « voyant », il n'en doutait point, avait discerné ce qu'il était ; il lui avait fait grâce de sa malédiction, mais il lui avait annoncé la tempête, le malheur. Quelle forme le malheur prendrait-il ? Garab ne l'imaginait pas. La terreur qu'il avait éprouvée en se sentant découvert lui avait troublé l'esprit. Les mots prononcés par l'oracle s'entrechoquaient dans sa mémoire sans qu'il fût capable de leur trouver un sens compréhensible : « Il était *attiré* vers le Khang Tisé. » « Le lien qui le reliait au pays où il était établi risquait d'être rompu. » Garab ne voulait pas qu'il se rompît. Peut-être, à cause des mérites attachés à cc pèlerinage, un voyage au Khang Tisé conjurerait-il le danger qui le menaçait. Peut-être serait-il un moyen d'apaiser, avant qu'elle ait pu l'atteindre, la tempête qui se levait autour de lui… Garab s'efforçait de l'espérer.

Le jeune chef se sentit, soudain, affreusement las, moralement brisé ; dans l'angoissante déroute de ses idées, une chose venait de lui apparaître comme étant certaine : sa vie joyeuse de brigand victorieux était finie.

Il irait au Khang Tisé, obéissant à l'incitation qui l'y poussait et qu'il avait crue être *son* désir. Si le pèlerinage ne faisait que retarder l'orage menaçant, s'il n'était qu'un répit, il lui permettrait, sans doute, de garder plus longtemps Détchéma toute à lui, or, cela, seul, comptait.

Détchéma voulant connaître ce que l'avenir lui

réservait au pays de Garab demanda, simplement, à la patronne de l'auberge de lui indiquer un devin et celle-ci l'adressa à un *mopa* (devin) dont les très nombreux clients se recrutaient parmi les laïques de la classe moyenne des Lhassapas.

Introduite en sa présence, la jeune femme lui offrit une écharpe et quelque argent, puis, tout aussitôt, elle s'entendit commander de garder le silence, de formuler, en esprit, la question qu'elle désirait poser et de concentrer fortement sa pensée sur elle sans l'en laisser distraire par aucune autre préoccupation.

Assise en face du divan sur lequel le devin était installé, une table étroite entre eux, Détchéma obéit à l'ordre qui lui avait été donné.

« Qu'adviendra-t-il de mon bel amour ? pensait-elle. Que dois-je attendre de l'avenir ? »

Un certain temps s'étant écoulé, le devin psalmodia quelques phrases, et retira trois petits dés d'un sachet suspendu à un gros livre noirci par le long usage qui en avait été fait. Il agita ceux-ci pendant un instant dans sa main, les jeta sur la table, psalmodia de nouveau, puis chercha, dans le livre, le numéro correspondant au nombre de points qu'il avait amenés.

Sous celui-ci ne se trouvaient que ces mots : « Rires de colère. » — « Abîme. » Le devin les lut lentement d'une voix grave ; puis, sans rien ajouter, il congédia sa consultante.

Détchéma, stupéfaite, se retrouva dans la rue sans s'être rendu compte de la manière dont elle avait quitté la maison du devin. Reprenant peu à peu l'usage de la réflexion, elle envisagea le sens dont cette incohérente réponse pouvait être susceptible. Elle ne parvenait pas à le découvrir, mais si voilé qu'il fût, le caractère menaçant de la réponse ne faisait pas de doute.

De qui avait-elle à redouter la colère et que signifiait cet abîme ?

Comme Garab l'avait fait avant elle, Détchéma se dirigea vers le temple du Jowo et, tandis qu'elle cheminait, une soudaine lumière se fit dans son esprit ; elle crut comprendre la signification de l'étrange réponse qui lui avait été faite.

Ce que cette réponse indiquait c'était l'aboutissement de son aventure amoureuse, et cet aboutissement c'était l'enfer. Sans nul doute, c'était l'enfer. Les « rires » étaient les ricanements haineux des êtres démoniaques saluant son arrivée. « L'abîme », c'était le gouffre des mondes inférieurs, où elle tombait, où elle vivrait dans les tourments pendant des milliers d'années, peut-être avant d'y mourir et de renaître[1] en un monde meilleur.

Ce terrifiant avenir apparaissait clairement à la jeune femme en même temps que la cause qui l'avait préparé. Ce n'était pas aimer Garab qui constituait son crime, comprenait-elle ; le crime qui serait puni c'était l'égoïsme qui lui avait fait abandonner ses bienfaiteurs à un sort misérable pour réaliser le rêve d'amour qui la hantait.

Orpheline à l'âge de trois ans, Détchéma avait été élevée par ses grands-parents paternels. Ceux-ci n'ayant point eu d'autre enfant que le père de l'orpheline, ils concentrèrent toute leur tendresse sur elle. C'étaient des fermiers aisés qui lui firent une enfance heureuse. Par la suite, le grand-père tomba malade ; pendant plusieurs années il fut incapable de s'occuper de ses champs et, peu à peu, le vieux ménage s'endetta. Quand le fermier se retrouva en meilleure santé, ses forces minées par

1. Les lamaïstes n'admettent pas l'existence de peines éternelles.

une longue période de maladie ne lui permirent pas de fournir tout le travail qui aurait été nécessaire pour rétablir sa petite fortune. L'un après l'autre, des champs furent vendus ; les vieux époux descendaient rapidement vers la misère.

Ce fut alors que le fils du gouverneur de la province vit Détchéma, un jour où elle s'était rendue dans un monastère, avec des amies, pour y assister à la représentation d'un drame religieux. La grande beauté de la jeune fille le frappa et, sans vouloir réfléchir davantage, il résolut d'en faire sa femme. Lorsqu'il déclara son intention à son père, celui-ci n'éleva aucune objection. La famille de Détchéma était honorable et, pensait le gouverneur, ses grands-parents n'exigeraient pas le paiement d'une dot[1] aussi forte que le ferait un fonctionnaire de son rang, s'il lui demandait sa fille en mariage pour son fils. Le désir du jeune homme, les convenances et l'économie s'accordaient. Le gouverneur envoya un de ses frères[2] chez les vieux fermiers et les conditions du mariage furent promptement réglées. Les dettes des grands-parents seraient intégralement payées, le gouverneur placerait, à la ferme, un homme de confiance qui la gérerait. Les bâtiments négligés depuis des années

1. Au Tibet, c'est le futur mari, ou les parents de celui-ci, qui paient une somme d'argent, ou son équivalent en bétail ou en terre, aux parents de la fiancée. Cela est considéré comme le remboursement des dépenses que les parents de la jeune fille ont faites pour l'élever. L'honneur d'obtenir une fille de famille noble ou jouissant d'une grande considération se paie souvent fort cher. Il peut en être de même si la jeune fille est d'une beauté exceptionnelle. L'idée que des parents consentent à donner de l'argent au mari, en même temps qu'ils lui donnent leur fille semble grotesque et même odieuse aux Tibétains. Dans leur langage réaliste, les Tibétains me disaient à ce sujet : « Les filles de votre pays sont-elles donc si laides qu'il faille payer leur mari comme s'il s'agissait pour lui d'accomplir une besogne répugnante ? »

2. Les demandes en mariage doivent être faites par l'intermédiaire de parents ou d'amis.

seraient complètement réparés ; les vieux époux resteraient chez eux, n'auraient plus à travailler et recevraient, en plus du produit de ce qui leur restait de biens, une rente suffisant à assurer leur confort.

Les deux vieillards se félicitèrent de l'heureuse chance qui leur advenait, comme récompense, pensaient-ils, des soins affectueux qu'ils avaient prodigués à l'orpheline. Pour celle-ci, ce mariage avec le fils d'un haut fonctionnaire, l'entrée dans une famille noble et riche était, aussi, un bonheur inespéré. Les braves gens n'avaient, naturellement, pas songé à demander à Détchéma si son opinion, concernant son mariage, correspondait à la leur. S'informer, à ce sujet, n'est pas d'usage au Tibet. Les fermiers annoncèrent simplement à Détchéma qu'elle aurait l'honneur d'être la belle-fille du gouverneur et vivrait dans l'opulence, certains qu'elle s'en réjouirait autant et plus encore qu'eux-mêmes.

Mais Détchéma ne s'était pas réjouie.

Depuis son enfance, la jeune fille s'était adonnée au rêve, comme les hommes de son village s'adonnaient à l'alcool, poursuivant des sensations agréables. Peu encline à l'activité physique, elle passait une grande partie du temps à imaginer des histoires sentimentales ou dramatiques dont, invariablement, elle était l'héroïne. Les péripéties de celles-ci surgissaient spontanément dans son esprit, satisfaisant et excitant, à la fois, sa soif d'émotion. Sous l'influence d'une sensualité précoce, l'amour devint, bientôt, le thème unique de ces histoires. L'image d'un amoureux exceptionnel : beau, brave et passionné commença à hanter les pensées de Détchéma. Graduellement, la force de cette obsession s'accrut, le héros prit une physionomie bien déterminée qui, dès lors, ne varia plus : il avait acquis une personnalité.

Inconsciemment, Détchéma pratiquait, à sa manière, un exercice analogue à celui que les maîtres mystiques font pratiquer à leurs disciples afin d'amener ceux-ci à découvrir que le monde tout entier — tel qu'ils le perçoivent — n'est qu'une création de l'esprit. Par une continuelle concentration de pensée, elle créait un fantôme[1].

Peu à peu, le fantastique amoureux franchit la limite du domaine des songes. A certains moments, sans même que la jeune fille l'évoquât, il lui devint visible et tangible, presque autant que les gens de la ferme ; elle entendit sa voix, sentit l'étreinte de ses bras et se laissa emporter, par lui, en de vertigineuses chevauchées.

Détchéma était superstitieuse, comme tous ceux parmi lesquels elle vivait. Elle avait entendu raconter maintes histoires d'apparitions et, de même que la plupart des Tibétains, elle ne traçait pas une stricte ligne de démarcation entre le « possible » et « l'impossible », entre « notre monde » et les « autres mondes » limitrophes. La foi en l'existence réelle de l'homme qui lui apparaissait prit racine en elle et, désormais, elle vécut dans l'attente de sa venue.

La nouvelle que ses grands-parents lui communiquèrent joyeusement la foudroya. Entre elle et le mari qu'on lui destinait se dressa brusquement la figure impérieuse du héros qui possédait toutes ses pensées. Sans réfléchir au tort qu'elle causerait aux bons vieillards qui la chérissaient, en les abandonnant alors que son mariage allait assurer la tranquillité et le confort de leurs dernières années, elle avait quitté la ferme pendant leur sommeil, fuyant

1. Voir à ce sujet : A DAVID-NEEL, *Parmi les mystiques et les magiciens du Tibet* (Plon) et *La vie surhumaine de Guésar de Ling* (éditions Adyar).

dans la nuit, s'en allant, comme une folle, à la recherche de l'amant qu'elle avait créé...

Elle l'avait trouvé. Il est de singuliers mystères...

Multipliant les prosternations devant la statue du Jowo, Détchéma se rendait compte de son ingratitude. Les remords l'assaillaient. Qu'étaient devenus les bons vieillards qui l'avaient tant choyée ? Le gouverneur ne les avait-il pas rendus responsables de sa fuite ? Au lieu de l'aide qu'ils s'attendaient à recevoir de lui, peut-être avaient-ils eu à lui payer une forte amende, leur ruine devenant, ainsi, complète.

Détchéma n'avait pas le cœur dur ; elle déplorait sa faute et jurait de la réparer de son mieux. Elle renoncerait à Garab, car entre ses très pieux grands-parents et un chef de brigands, tout rapprochement était impossible. Elle retournerait dans son pays, elle travaillerait et s'efforcerait de gagner de quoi faire vivre les deux vieillards.

C'était là son devoir et, aussi, le moyen d'échapper aux tortures de l'enfer qu'elle avait méritées. Dès qu'elle aurait rejoint Garab, elle lui avouerait ce qu'elle lui avait toujours caché, sa fuite coupable de la maison paternelle et lui déclarerait qu'elle voulait y retourner.

Toute en larmes, Détchéma continuait ses prosternations. Elle fit, ensuite, allumer des lampes sur l'autel, en versa le prix au sacristain, émit le vœu qu'elle puisse retrouver ses grands-parents en bonne santé et être capable de les assister à l'avenir, puis elle quitta le temple.

Garab n'était pas encore de retour lorsque Détchéma rentra à l'auberge. Il arriva à l'heure du repas et alla, immédiatement, manger avec ses hommes ; son amie devait être servie à part, dans sa chambre. « Je lui parlerai lorsqu'il montera ici », se dit la jeune femme.

Le chef était complètement décidé. Il irait au Khang Tisé avec Détchéma. Restait à donner à ses compagnons une explication plausible du brusque changement de ses projets, la veille du jour fixé pour leur départ. Mais à cela, malgré le trouble où le « voyant » l'avait jeté, l'astucieux brigand avait déjà songé.

— J'ai à vous communiquer une nouvelle inattendue, dit-il à ses hommes, dès qu'ils furent assis pour le repas. Comme il convient avant de partir en voyage, j'ai, ce matin, consulté un « voyant » afin d'apprendre si les circonstances nous sont favorables. Je me suis adressé, non pas à un devin quelconque, mais à un lama en renom, qui appartient au monastère des rites magiques. La consultation m'a coûté cher, mais je voulais un avis que nous puissions accepter en toute confiance. Et voici, qu'à mon grand étonnement, le « voyant » a déclaré que je devais aller au Khang Tisé.

Des exclamations de surprise accueillirent la fin de ce discours, mais aucun des brigands ne s'avisa de soupçonner que le chef pouvait avoir des raisons personnelles de changer les dispositions qu'il avait prises et qu'il modifiait, en conséquence, le sens des déclarations du « voyant ». De ces « voyants » doués de sens spéciaux qui portent si loin, l'on peut attendre les conseils les plus déconcertants ; les Tibétains sont accoutumés à les entendre prononcer des oracles, en apparence, incohérents. Celui que Garab avait consulté devait avoir basé sa réponse sur des raisons profondes, pensèrent les pseudo-marchands.

— Devons-nous tous aller au Khang Tisé ? demanda l'un d'eux.

— Non, répondit Garab. La déclaration du lama ne concerne que moi. Je craindrais, en ne suivant pas le conseil de ce sage maître, d'attirer le malheur sur notre voyage. Partez sans moi ; je demanderai, seulement, à deux d'entre vous de m'accompagner. Qu'en dis-tu, Tsöndu et toi Gorin ?

— Enchantés ! crièrent ensemble les deux hommes.

— C'est une occasion unique, pour nous, de visiter le plus saint de tous les lieux de pèlerinage, dit Gorin.

Les autres hommes opinèrent, plusieurs d'entre eux enviant la chance de leurs deux camarades.

— Et votre belle amie, chef ?... hasarda Tsöndu, vaguement goguenard.

Tous éclatèrent de rire.

— Nous ne pensons pas que Garab veuille nous la confier, dit l'un de ceux qui devaient s'en retourner.

— Je n'en ai pas l'intention, repartit Garab, riant aussi.

L'amusement de tous redoubla, des plaisanteries crues, mais sans malice, furent échangées, puis le chef réclama l'attention pour les questions d'affaires. Précédemment, la part revenant à chacun dans la vente du butin avait été réglée ; il ne restait qu'à opérer un partage des bêtes et des provisions de route entre les voyageurs qui s'en retournaient dans leur pays et les quatre pèlerins partant pour le Khang Tisé. Mais, en plus, Garab tenait à donner à ses hommes des instructions précises sur la conduite qu'ils devraient tenir en son absence.

— Jusqu'à mon retour, leur dit-il, vous êtes tous de paisibles pasteurs et ne vous occupez que de vos troupeaux. Chacun de vous retourne à ses tentes et ne les quitte pas. Point d'expédition, surtout ; je vous le défends expressément. La dernière a été exceptionnellement profitable ; elle a dû, aussi, attirer l'attention sur nous. Ces pèlerins étaient des gens de marque ; ils auront mené grand bruit au sujet de leur mésaventure, tout le long de leur chemin et à leur retour chez eux.

« Dans le Nord, en Chine, un chef militaire musulman nous guette. J'en ai été averti, à plusieurs reprises, par des voyageurs. Il ne serait que trop heureux d'accroître sa cavalerie en y incorporant nos chevaux et de payer libéralement la solde de ses troupes avec nos bœufs et nos moutons. La prudence s'impose ; laissons passer du temps, attendons que l'oubli se fasse sur l'expédition dont nous venons de recueillir le copieux bénéfice.

« Il n'est pas impossible que mon voyage au Khang Tisé puisse être utile à nos affaires.

« Nos exploits commencent à être trop connus, les caravanes font des détours pour éviter la traversée de notre pays. C'est fâcheux. Et puis, il y a cette menace du côté de la Chine : les soldats du chef musulman... Je n'aime pas tout cela. Qui sait si nous ne trouverions pas un nouveau et profitable terrain du côté de Khang Tisé, ou sur les routes qui y conduisent ? Je saurai cela quand j'aurai étudié les lieux et c'est peut-être afin que je puisse le faire, que nos dieux protecteurs ont montré au « voyant » que je devais entreprendre ce voyage.

« Cinquante ou soixante de nos camarades pourraient aller s'établir dans ces parages, pour deux ou trois années. Les prétextes — pèlerinage ou trafic — ne manquent pas. Qui saurait où ils sont allés ? On peut travailler fructueusement en quelques années, sur des routes suivies par des marchands ou de riches pèlerins. Avons-nous des confrères par là ? Seraient-ils à combattre ou pourrions-nous, avec avantage, devenir leurs associés ? Tout cela est à examiner.

Un murmure d'admiration courut parmi les hommes. Comme le chef parlait bien! Qu'il était intelligent! Le « voyant », inspiré par les dieux, pouvait, en effet, avoir découvert de quel côté la bonne chance les attendait.

Las du silence qu'ils avaient dû garder pendant le discours de Garab, fait à voix basse afin de ne pas être entendu des gens de l'auberge, les malandrins se répandaient en bruyantes louanges à l'adresse de leur chef.

Une résolution aussi importante que celle qu'il venait de prendre demandait à être arrosée par quelques rasades d'alcool.

Un des brigands ouvrit la porte de la chambre, héla un domestique et commanda des pots d'eau-de-vie.

Ayant bu, tous s'occupèrent à diviser les provisions de route et les objets de campement, refaisant les ballots suivant leur nouvelle destination. Ce travail demanda plusieurs heures, puis la nécessité de faire quelques achats supplémentaires força Garab à retourner vers le centre de la ville.

La proximité de son départ pour une sorte d'aventure non préméditée excitait l'aventurier. Dans tout ce qu'il avait dit à ses compagnons, il avait presque été de bonne foi. Le sens exact des paroles prononcées par le « voyant » s'était déformé dans sa mémoire et, sans qu'il s'en rendît clairement compte, il y avait mêlé ses propres pensées. Seul, cheminant par la ville, le sentiment de la réalité lui revenait pourtant: en réalité, il allait au Khang Tisé pour prolonger et préserver de ce qui pourrait la troubler sa voluptueuse intimité avec Détchéma. Cette lucidité concernant ses sentiments ramenait avec elle les pressentiments angoissants qu'il avait éprouvés après son entrevue avec le « voyant ». *Quelque chose* venait de finir pour lui : une période de sa vie et il redoutait celle qui lui succéderait.

L'après-midi passa sans que Garab eût eu le temps d'avertir Détchéma de ce qui se préparait pour elle. Il savait qu'elle en serait heureuse et ne voulait pas écourter le plaisir qu'il éprouverait lui-même en voyant la joie de son amie. Mieux valait attendre, pour lui communiquer la nouvelle, qu'ils fussent ensemble pour toute la nuit.

Détchéma ne s'étonnait pas qu'il restât absent ; elle savait combien de soins réclame, à la veille du départ, le chef d'une troupe de vingt voyageurs. Elle préférait aussi être seule pour envisager les moyens de mettre à exécution les projets que son repentir et sa crainte des tourments infernaux lui avaient suggérés.

Son village natal se trouvait très loin de l'endroit où elle avait rencontré Garab et sa bande et, pour y arriver, il fallait traverser une vaste région déserte où les voyageurs ne s'aventurent qu'en groupe et nombreux. Comment ferait-elle ? Prétextant un malaise, elle avait interdit l'accès de sa chambre. Elle attendait la nuit pour parler à son amant.

La nuit vint, tous les bruits s'éteignirent ; les hommes de Garab se couchèrent de bonne heure afin d'être dispos pour partir le lendemain avant le chant du coq. Le chef monta à l'étage retrouver sa maîtresse et, là, ne pouvant soutenir plus longtemps la contrainte qu'il s'était imposée, d'un bond il saisit Détchéma, criant joyeusement :

— Nous ne retournerons pas chez moi. Demain, nous partirons tous les deux pour voyager, comme tu l'aimes, pendant des mois et des mois. Nous irons au Khang Tisé !... Dis-moi que tu m'aimes !

— Je... Ecoute... Je dois te dire... balbutia Détchéma.

Mais Garab ne l'entendait pas. Prenant son émotion et les paroles entrecoupées, inintelligibles qu'elle prononçait, pour des marques de joie, il l'étreignit ardemment.

La clarté juvénile de l'aube blanchit le papier mince tendu sur la fenêtre. Détchéma n'avait point parlé à Garab de la résolution qu'elle avait prise la veille et Garab ne lui avait rien confié de son inquiétude. Comme l'ouragan balaie les fétus qui jonchent les chemins, ainsi, la rafale de passion pendant la nuit d'amour avait chassé de leurs âmes les pressentiments de malheur, les remords et jusqu'à la terreur de l'enfer.

DEUXIEME PARTIE

LA RECOLTE

Chapitre IV

Au Khang Tisé. — Le fantôme criminel du yoguin. — La soif de l'immortalité. — L'art de soutirer la vitalité de sa partenaire pendant les relations amoureuses. — Les herbes magiques du Tibet.

Depuis huit jours, Garab et ses compagnons campaient au pied de la montagne sainte. Prétextant qu'après un aussi long voyage, tous avaient besoin de repos, le chef ne se pressait pas d'accomplir le rite prescrivant aux pèlerins de faire le tour du massif montagneux au sommet duquel Mahâdéva, le plus grand des dieux, tient sa Cour.

Le penseur initié aux doctrines ésotériques du mysticisme hindou conçoit cette Cour fantastique comme une image du monde, une projection magique et illusoire de la pensée du dieu assis, seul, en méditation sur la cime neigeuse, inaccessible. D'autres, ayant encore mieux pénétré le symbolisme de la légende, contemplent sur le sommet radieux la flamme de leur propre pensée créant, détruisant et recréant incessamment l'univers avec ses dieux, ses démons, ses êtres et ses formes innombrables. Ceux-là murmurent à voix basse le *credo* des grands mystiques védantins : « Çiva aham ! » Je suis Çiva, je suis le Grand Dieu (Mahâdéva).

Mais Garab ignorait le profond savoir de l'Inde

et il n'avait jamais fréquenté les sages de son pays. Pour lui, comme il en avait été pour sa mère, le Khang Tisé abritait dans ses replis des hordes de génies, de fées, de démons, tous soumis à un dieu redoutable vêtu d'une peau de tigre et paré d'un long collier fait de crânes humains.

Garab s'attardait, il ne savait pourquoi. Il se sentait retenu par des liens invisibles. Ses journées se passaient à errer sans but, à inspecter les lieux avec une curiosité anxieuse, comme s'il s'attendait à faire quelque découverte. Le secret de sa naissance occupait ses pensées, il regardait, avec intérêt, les yoguins venus là, du Népal ou du nord de l'Inde, il scrutait leurs visages enduits de cendre, cherchant à deviner leur âge, imaginant que l'un d'eux pourrait être son père.

Son père !... Il n'avait guère pensé à lui depuis le jour où il avait interrogé son maître, le fermier Lagspa, à son sujet. Le vague désir qui lui était venu, à Lhassa, de voir les lieux où il avait été conçu concernait, seulement, l'aspect physique de ceux-ci. Pour l'homme inconnu qui, un soir, s'était approché d'une innocente servante et avait abusé de sa simplicité, Garab n'éprouvait aucune sympathie. Mais voici que, depuis son arrivée au pied du Khang Tisé, il lui semblait que d'indéfinissables souvenirs surgissaient en lui, des souvenirs d'un passé auquel ne le rattachait que le germe qui lui avait donné un corps.

Sensation bizarre, l'insouciant chef de bandits se sentait appelé, sollicité par une force, dont il ne discernait pas la nature, pour un but inconnu. En vain essayait-il de secouer la vague obsession qui le dominait ; de jour en jour, celle-ci devenait plus puissante, repoussant à l'arrière-plan son amour pour Détchéma. Plusieurs fois, la jeune femme l'avait prié de se remettre en route. L'air de cette région nuisait à sa santé, croyait-elle ; son sommeil était agité et elle se réveillait brisée par la fatigue.

Trois sentiers s'offrent aux pèlerins pour effectuer le tour de la montagne : le sentier inférieur, relativement aisé à parcourir, celui du milieu présentant des difficultés plus grandes et le plus élevé des trois escaladant des pentes abruptes sur lesquelles des montagnards vigoureux, au pied sûr, peuvent, seuls, s'aventurer sans danger. Les mérites acquis par les fidèles croissent en proportion des fatigues qu'ils affrontent. Les bénédictions attachées au parcours du plus haut des sentiers sont d'une importance beaucoup plus considérable que celles échéant au commun des dévots qui se contentent de faire le tour du pied de la montagne. L'ambition pieuse de Détchéma ne visait qu'à ce minimum de mérites.

Cependant, en dépit d'instances réitérées, Garab, d'ordinaire, si empressé à satisfaire les moindres désirs de sa maîtresse, éludait toute réponse catégorique quant à leur départ. Dès le matin, il partait, s'en allant rôder l'on ne savait où. Ses hommes croyaient qu'il accomplissait certaines pratiques religieuses secrètes destinées à porter bonne chance à leurs futures expéditions. Comme ils s'étaient amplement ravitaillés à plusieurs reprises, en cours de route, les vivres ne leur manquaient pas et, quand un Tibétain a de quoi manger copieusement, il est rare qu'il s'inquiète d'autre chose. L'impatience de Détchéma ne trouvait donc aucun appui chez ses compagnons de voyage.

Une certaine lassitude physique succédant à plusieurs mois d'ardents jeux amoureux, ou peut-être l'état psychique bizarre dans lequel se trouvait Garab, le faisait délaisser son amie. Souvent, pendant la nuit, il restait éveillé, aux aguets, sans raison et sans but, mû par un instinct impérieux.

Une nuit, tandis qu'il veillait ainsi, il discerna vaguement, dans l'obscurité, Détchéma s'agitant entre les couvertures qui lui servaient de couche. Elle paraissait lutter, se débattre ; ses mouvements ne durèrent que peu d'instants, puis elle soupira et redevint immobile. Un mauvais rêve, pensa Garab. Deux jours s'écoulèrent et le même incident se reproduisit, mais, cette fois, la lutte fut plus violente, plus prolongée. La jeune femme poussa un cri.

— Qu'y a-t-il ? demanda Garab s'approchant de son amie et lui prenant la main. Es-tu malade ?

— Pourquoi ne me défends-tu pas ? balbutia Détchéma encore mal réveillée. Dormais-tu ?... L'as-tu vu partir ?

— Qui ?

Détchéma reprenait complètement conscience.

— Qu'est-ce que j'ai dit ? demanda-t-elle, le ton de sa voix dénotant une certaine anxiété.

Garab perçut qu'elle ne répondrait pas franchement s'il la pressait de questions.

— Tu as crié, déclara-t-il tranquillement, et puis tu as marmotté quelque chose d'inintelligible. Souffres-tu ?... Peut-être digères-tu mal ou t'es-tu couchée dans une mauvaise position.

— Oui, peut-être, dit la jeune femme.

— Tâche de te rendormir, conseilla Garab.

Et il s'enroula de nouveau dans ses couvertures, tout près d'elle, dans leur petite tente ; mais sans la prendre près de lui pour la rassurer. Sa curiosité était excitée ; il voulait savoir.

Le lendemain, au crépuscule, il se trouvait assis, le dos appuyé contre un roc, assez loin de son camp, réfléchissant à la conduite de Détchéma et se demandant si la nuit suivante amènerait un incident analogue, lorsqu'il sentit distinctement sur lui la pression de quelque chose qui l'enveloppait, cherchant à s'insinuer en lui. La clarté du jour était encore forte, tous les objets environnants se distinguaient nettement. Il était seul, rien de visible ne le touchait, pourtant la pression, à la fois légère et puissante, persistait.

Par un geste instinctif, habituel aux gens de son pays, Garab tira de sa gaine le sabre court qu'il portait, comme c'est l'usage, passé dans sa ceinture et, en même temps, il se leva d'un bond. *Cela* qui le tenait le lâcha. Libéré, Garab retourna vers son camp, vaguement conscient d'être accompagné.

Il ne doutait pas qu'un des démons hantant la montagne ne se fût attaché à lui et à son amie pour leur causer du mal. Le mieux, pensait-il, serait de quitter, au plus tôt, l'endroit où il s'était trop attardé en incohérentes poursuites, tombé dans le piège que ce démon lui avait tendu pour l'y retenir. Dès le lendemain, il se remettrait en marche. Toutefois, de retour au camp, il n'informa pas Détchéma de la résolution qu'il venait de prendre ; il préférait ne pas discuter à haute voix la question de son départ, espérant, comme le font les Tibétains, pouvoir tromper, concernant ses projets, le démon qui s'attaquait à son amie et à lui et l'empêcher, ainsi, de les suivre. Quel moyen emploierait-il à cet effet ? Il voulait y songer.

Vers le milieu de la nuit, une sensation de fraîcheur le réveilla, des bouffées de vent entraient dans la tente dont les rideaux entrouverts flottaient avec un petit claquement sec. Par l'ouverture, la lune à son déclin projetait une clarté rougeâtre et Garab distingua une forme humaine: celle d'un yoguin hindou. Sa face enduite de cendre apparaissait blafarde, touchant celle de Détchéma et ses lèvres étaient goulûment collées à celles de la jeune femme.

Instantanément, Garab fut debout, mais, plus prompt que lui, le fantastique visiteur fuyait déjà. Garab vit les rideaux de la tente s'écarter davantage, puis retomber; lorsqu'il sortit, à son tour, l'espace entourant le camp lui apparut absolument désert. Il fit plusieurs fois le tour des tentes, explora leurs environs immédiats sans que rien vînt déceler, à ses yeux ou à ses oreilles, la présence d'un être vivant.

Dans la tente, Détchéma n'avait pas bougé et, lorsque son amant rentra, elle lui parut dormir paisiblement.

— As-tu passé une bonne nuit? demanda Garab à son amie, lorsqu'elle se leva, le lendemain.

— Oui, répondit-elle laconiquement.

— Tu n'as pas eu de rêves? insista Garab. Les dieux en envoient, parfois, aux pèlerins, dans les lieux saints.

— Non, répondit-elle encore. Mais sa voix tremblait.

Garab ne posa pas d'autres questions. Il était certain, lui, de ne pas avoir rêvé. Il avait vu le yoguin et il était sorti de la tente pour le chercher. Qui était ce sinistre intrus?

Cette figure qu'il avait vue était-elle une forme illusoire revêtue par le démon qu'il avait senti rôder autour de lui, dont il avait senti l'étreinte? Ou bien s'agissait-il d'un véritable yoguin expert en magie, capable de se rendre invisible pour échapper aux poursuites ou, encore, capable de projeter, au loin, un « double » éthéré de lui-même pouvant agir comme un homme véritable ?

Quelle que pût être sa nature, le nocturne visiteur était évidemment animé d'intentions lubriques. L'agitation de Détchéma pendant les nuits précédentes, son cri, les paroles qu'elle avait balbutiées : « L'as-tu vu partir ? » indiquaient qu'elle avait déjà perçu, à plusieurs reprises, cet être abominable. Pourquoi ne lui en avait-elle point parlé ? Pourquoi ses réticences et ses dénégations ? Etait-il possible qu'elle ne se soit point réveillée quand il s'était brusquement levé pour saisir l'apparition ? Etait-il possible qu'elle n'ait pas senti l'attouchement des lèvres appuyées sur les siennes ?

Garab hésitait à accepter l'enchaînement logique des faits qui se présentaient à lui : la lutte soutenue par sa maîtresse pour repousser les tentatives lascives dont elle était l'objet pendant son sommeil, la répétition de celles-ci, puis l'acceptation… le plaisir, peut-être. Détchéma en était-elle venue à préférer les caresses de cet amant fantôme aux siennes ?… Une rage folle surgissait en lui à cette idée.

Brusquement, alors, il se rappela l'histoire étrange que sa mère lui avait racontée touchant la façon dont elle l'avait conçu et à laquelle il n'avait point cru. Se pouvait-il, vraiment, qu'en ce lieu, des êtres d'un autre monde assaillissent les femmes de race humaine ?

Un autre sentiment se mêlait, maintenant, à sa colère : le désir d'éclaircir ce mystère et d'apprendre de qui il tenait la vie.

Il veilla la nuit suivante, celle qui suivit et une autre encore. Rien d'insolite ne se produisit.

Le yoguin ne reviendrait-il pas, avait-il cessé de

désirer Détchéma ? Garab s'en voulait de s'attarder encore à cet endroit où s'exerçaient des forces maléfiques. N'avait-il pas résolu de partir, avant que l'apparition du fantastique amoureux l'ait induit à demeurer, contre toute prudence, pour satisfaire une curiosité malsaine ? Il se reprochait l'usage coupable qu'il faisait de sa maîtresse en la gardant, à cette place, offerte comme appât à l'être sans doute démoniaque, qu'il voulait revoir, saisir, connaître ; il se jugeait criminel, mais il ne partait pas.

Quatre jours s'écoulèrent paisiblement. Le soir du quatrième, Garab et Détchéma soupèrent, comme d'habitude, avec leurs deux compagnons, près du feu brûlant en plein air entre trois grosses pierres supportant la marmite où le thé bouillait. Le repas terminé, Détchéma regagna, à une petite distance de là, la tente qu'elle partageait avec Garab, tandis que celui-ci restait à causer avec les deux hommes.

Leur bavardage terminé, Garab se leva et se dirigea à son tour vers sa tente. La nuit tombait, étendant un voile bleuâtre sur le paysage environnant, mais la clarté suffisait pour distinguer nettement tous les objets voisins.

Garab souleva le rideau de la tente et demeura pétrifié. Le yoguin était là, debout, tournant le dos à l'entrée. Droite aussi, acculée contre la toile du fond, Détchéma, les yeux dilatés, le regardait, muette, raidie, dans l'attente. L'horreur et le désir se lisaient, à la fois, sur son visage blême. Le yoguin s'approcha d'elle sans qu'elle fît un mouvement : lentement, il avança un bras, puis l'autre et la saisit aux épaules. Alors, Garab, hors de lui, oubliant sa curiosité, ses projets d'investigation, se rua sur l'odieux personnage. Celui-ci tourna vers lui son masque blafard et, instantanément, le jeune chef sentit sa bouche saisie par les lèvres goulues du monstre. Il se débattit, cherchant à écarter l'épouvantable individu, mais ses poings ne rencontraient que le vide, tandis qu'il sentait l'horrible succion augmenter d'intensité, aspirant ses forces vitales jusque dans le tréfonds de son être.

Cependant, il continuait à lutter, s'efforçant de sortir de la tente dans l'espoir d'être secouru par ses hommes que cette bouche collée à la sienne l'empêchait d'appeler. Dans les efforts qu'il faisait, il heurta quelques objets et le bruit qu'ils firent en s'entre-choquant attira l'attention des hommes demeurés auprès du feu.

Gorin, venant s'informer si quelque chose avait été cassé ou si le chef avait besoin de ses services, fut épouvanté en voyant celui-ci se battre, apparemment en grande angoisse, alors qu'on ne voyait aucun adversaire devant lui.

A ses cris, Tsöndu accourut et Garab vit se dissoudre la forme du yoguin, en même temps que cessait l'effroyable contact de ses lèvres meurtrières.

Les hommes trouvèrent Détchéma évanouie dans la tente.

Garab n'eut pas à fournir d'explication ; ses compagnons s'étaient immédiatement formé une opinion concernant l'étrange incident : l'endroit était hanté par des démons et l'un d'eux avait tenté de tuer leur chef.

L'ordre qu'ils attendaient vint immédiatement :

— Nous partons à l'instant, dit Garab.

— Naturellement, répondirent les deux hommes.

Le feu de camp fut ranimé ; à sa lueur, les bagages furent ficelés et les bêtes chargées. Moins d'une heure après le sinistre combat, les voyageurs se mettaient en route.

Ils marchèrent pendant deux jours, ne faisant que de très courts arrêts, fuyant, l'esprit troublé, ne songeant qu'à se mettre hors d'atteinte du dangereux démon qui avait attaqué Garab. Celui-ci n'avait point parlé à ses compagnons de ce qui concernait Détchéma.

Vers la fin du second jour, les fugitifs arrivèrent en vue d'un camp de pasteurs. La proximité de présences humaines, le tableau familier des troupeaux paissant autour de grandes tentes noires, toutes pareilles à celles de leur pays, calmèrent leur frayeur. Ils s'arrêtèrent près du camp et Garab recommanda fortement aux deux hommes et à Détchéma de ne laisser échapper aucun mot qui pût faire soupçonner aux pasteurs l'attaque dont ils avaient été l'objet. S'ils apprenaient que des démons s'étaient approchés d'eux, les propriétaires des troupeaux craindraient, certainement, qu'ils n'en aient amené quelques-uns à leur suite. Ils les empêcheraient de camper dans leurs pâturages, peut-être, même, les maltraiteraient-ils ?

Cependant, Garab poursuivait son idée. Il n'avait pas renoncé à éclaircir le mystère de la personnalité du yoguin et, surtout, il souhaitait se protéger, et protéger Détchéma, contre de nouvelles attaques de sa part. Quitter la place où celles-ci s'étaient produites était-il suffisant pour en être à l'abri ? Garab en doutait. Lui aussi, croyait que les démons poursuivent ceux à qui ils se sont attachés. Il voulait consulter un lama compétent en ce qui concerne les fantômes du genre de celui qui l'avait assailli et apprendre, de lui, quel était l'être qu'il avait vu sous la forme d'un ascète hindou. S'il était nécessaire, il se ferait exorciser, ainsi que Détchéma. Détchéma, surtout, dont il avait surpris les désirs pervers. Pendant leurs courts arrêts, il l'avait de nouveau reprise avec la frénésie sensuelle des débuts de leur liaison. A celle-ci se mêlait, maintenant, de la colère. Garab croyait deviner que, serrée dans ses bras, sa maîtresse songeait aux étreintes de *l'autre* et cette pensée, qui le rendait fou de jalousie, exaspérait en même temps la soif qu'il avait d'elle.

Le lendemain de son arrivée, Garab s'en alla vers les tentes des pasteurs sous le prétexte de leur acheter du beurre. Il se présenta comme un marchand du lointain pays de Kham venu au Khang Tisé en pèlerinage avec sa femme et deux de ses amis. Il avait eu, disait-il, des rêves qui lui donnaient de l'inquiétude au sujet de ses affaires commerciales, confiées à son associé et désirait consulter, à ce propos, un lama « voyant » ; mais s'en trouvait-il un à proximité ? Il le leur demandait.

Un *ngagspa*[1], lui répondit-on, vivait près du campement voisin, à une journée de marche vers le nord ; tous les pasteurs de la région le tenaient en haute estime.

Certains *ngagspa* de modeste et, même, presque vulgaire apparence, vivant comme de simples paysans sont, parfois, d'experts magiciens, pensa Garab et il résolut de tenter sa chance auprès de celui qu'on lui désignait : un certain Koushog Wangdzin.

La petite troupe des voyageurs se remit en route

1. *Ngagspa :* celui qui est expert dans l'art d'employer les formules magiques secrètes ; un magicien.

et ils trouvèrent Wangdzin à l'endroit qu'on leur avait indiqué.

Celui-ci possédait, véritablement, un don de clairvoyance assez étendue. Ayant écouté attentivement le récit que Garab lui fit, il s'absorba pendant longtemps dans une méditation profonde. Puis, il dessina un diagramme sur le sol, avec des grains d'orge et il commanda à Garab d'y jeter d'abord une pierre blanche, puis une pierre noire et, troisièmement, une pierre tachetée. Cela fait, il considéra les endroits du dessin sur lesquels les pierres étaient respectivement tombées et, finalement, il se prononça :

— Il ne s'agit, dans votre cas, ni de démons ni de sorcier, dit-il. L'être qui s'est attaché à vous et qui vous est apparu est étranger au Tibet. Je ne vois pas de lien entre lui et moi et, par conséquent, je ne puis exercer aucune influence sur sa conduite. Consultez un ascète hindou versé dans les sciences secrètes de son pays ; il pourra, sans doute, vous donner des conseils utiles. Toutefois, soyez prudent. Ne confiez pas ce que vous m'avez raconté au premier venu des pèlerins drapé dans un morceau d'étoffe de couleur orange, portant un collier de *roudrachs* ou tenant à la main un bâton surmonté d'un trident. Un bon nombre de ces soi-disant saints personnages sont de misérables imposteurs. Ils vous tromperaient en prétendant vous éclairer. Pis encore, vous risqueriez d'entrer en rapport avec un individu pratiquant quelque basse espèce de sorcellerie, ayant pour compagnons habituels de mauvais esprits dont vous pourriez devenir la victime.

— Mais comment ferai-je ? cria Garab désespéré, l'un de ces démons m'a déjà tourmenté et vous me dites que je suis en danger d'être attaqué par d'autres de ces mauvais êtres ! D'ailleurs, comment pourrai-je m'adresser à un de ces yoguins de l'Inde ? Je ne sais pas leur langage.

— Je crois pouvoir vous aider, répondit Wangdzin. Vous devez consulter un ascète népalais qui vit en ermite sur une des pentes du Khang Tisé. Il y a plus de dix années qu'il habite cet endroit. Avant de s'y fixer il habitait parmi les Chérpas de la frontière. Il comprend et il parle parfaitement le tibétain. Je l'ai vu à son arrivée dans cette région et je l'ai eu, alors, pour hôte pendant quelques jours. J'ai, aussi, été lui présenter mes hommages l'année dernière. C'est un grand yoguin qui connaît le secret des choses et possède des pouvoirs supranormaux. Je vous donnerai un guide pour vous conduire jusqu'à l'entrée de la vallée au-dessus de laquelle se trouve son ermitage. Lorsque vous aurez atteint cette vallée, adressez-lui une prière respectueuse, il vous entendra et, s'il consent à ce que vous le voyiez, il vous guidera vers lui par des signes. Soyez attentif à ces signes ; ne vous égarez pas.

« En remontant la vallée, vous apercevrez, vers le nord, une chaîne de montagnes toutes blanches. Dès lors, soyez sur vos gardes. Si vous faites halte avec vos compagnons, qu'aucun de vous, assis sur l'herbe, n'en porte le moindre brin à ses lèvres. En vue de ces montagnes blanches croissent deux sortes d'herbes que le commun des hommes ne peut distinguer des espèces ordinaires et qui possèdent d'étranges propriétés.

« L'une de ces herbes est un aphrodisiaque mortel[1]. Ceux qui la mâchent deviennent fous. Aiguil-

1. J'ai entendu dire la même chose au sujet d'une espèce d'herbe qui croît au pays des Lopas, près de Tsari, un célèbre lieu de pèlerinage au sud-est du Tibet.

lonnés par le poison, leur énergie vitale leur échappe, leurs artères se vident et, finalement, ils meurent dans des souffrances comparables à celles de l'enfer.

« L'autre espèce d'herbe procure à ceux qui la mâchent la vision des mondes de douleur[1] et des infortunés qui les habitent.

« Un moine, venu au Khang Tisé en compagnie de pèlerins, fit halte, avec ses amis, dans un endroit où cette herbe pousse et, après avoir pris son repas, assis par terre, il cueillit distraitement des brins d'herbe autour de lui et les mâchonna. Immédiatement, il vit un gouffre s'ouvrir devant lui. Le saisissement qu'il éprouva lui fit cracher l'herbe qu'il tenait entre ses dents et, aussi rapidement qu'elle était apparue, la vision s'évanouit. Ce moine connaissait, par ouï-dire, l'existence de l'herbe aux propriétés miraculeuses ; il comprit que c'était elle qui lui avait permis de voir l'entrée des enfers, et il regretta vivement d'avoir perdu l'occasion de contempler les mystères de ces mondes invisibles aux humains. Il essaya de retrouver les brins d'herbe qu'il avait crachés, ou d'autres du même genre, mais tous ses efforts furent vains.

« Quand ses compagnons se remirent en marche, il refusa de les suivre, s'obstinant dans sa recherche. Pendant plusieurs années, il demeura à cet endroit ; il s'y était bâti une hutte et passait tout son temps à examiner l'herbe et à en goûter des brins. Peu à peu, son esprit se troubla et, lorsqu'il mourut, il était complètement fou.

« Derrière les montagnes blanches existe véritablement un gouffre communiquant avec de

1. Les différents purgatoires où l'on naît et où l'on meurt pour renaître en d'autres mondes. Le bouddhisme n'admet pas de châtiments éternels.

secrètes profondeurs, mais, pour l'apercevoir, il faut être doué d'une vue supra-humaine. Quiconque n'est pas un puissant *naldjorpa* (un yoguin tibétain) doit éviter de s'aventurer dans ces parages, il s'en trouverait mal.

« Mettez-vous en route dès demain. Il faut quatre jours pour arriver à l'ermitage du vénérable ascète. Quand vous le verrez, vous mettrez « mon corps, ma parole et mon esprit à ses pieds[1] ».

— Nous allons voir un saint anachorète, annonça Garab à ses compagnons quand il les rejoignit. Sa bénédiction chassera les démons et nous préservera de tout mal.

Et il leur recommanda de s'abstenir soigneusement de cueillir de l'herbe ou des brindilles de paille pour se curer les dents parce que le *ngagspa* Wangdzin l'avait averti qu'il y avait des herbes vénéneuses dans la région.

Le guide fourni par Wangdzin s'arrêta à l'entrée d'une vallée, rappela à Garab qu'il devait adresser une prière au yoguin afin qu'il lui indiquât le chemin menant vers lui, se prosterna en témoignage de sa vénération pour le saint ascète et s'en retourna.

Tout d'abord, les voyageurs remontèrent la vallée encaissée entre des pentes abruptes sur lesquelles ne se discernait aucune trace de sentier. Après quelques heures de marche, ils entrevirent, au loin, pointant dans le ciel, une ligne étincelante de pics neigeux. C'étaient les montagnes blanches dont Wangdzin avait parlé. Devaient-ils s'avancer plus loin ? N'avaient-ils pas, déjà, dépassé le sentier

1. Une formule classique d'hommage très respectueux que l'on adresse aux grands contemplatifs.

conduisant à l'ermitage ? Cependant, comme aucun signe ne leur était apparu, ils continuèrent leur route. La chaîne de montagnes devenait de plus en plus visible, uniformément blanche, mais d'une blancheur différente de celle de la neige.

Soudainement, un oiseau poussa un cri strident ; tous se tournèrent de son côté. Sur un rocher, un oiseau huppé battait des ailes. Il cria encore plusieurs fois de la même manière, puis il s'envola et alla se poser plus haut, sur un autre roc, d'où il recommença ses cris et ses battements d'ailes. Aucun sentier n'était visible de ce côté, mais la pente pouvait être gravie sans difficulté. Garab pensa que l'oiseau pouvait avoir été envoyé par l'ermite et fit quelques pas dans sa direction. Alors, la gracieuse petite bête agita, de nouveau, ses ailes, s'envola et se percha sur un roc qui dominait celui qu'elle avait quitté.

Garab n'hésita plus.

— Campez ici, dit-il à ses compagnons. Je vais tenter ma chance et voir où cet oiseau me mènera.

De roc en roc, l'oiseau conduisit Garab, de plus en plus haut, sur le versant de la montagne. Pendant quelque temps, Détchéma et les deux hommes purent suivre des yeux le chef qui s'éloignait, puis, celui-ci passa hors de vue ; des cris d'oiseau, de plus en plus affaiblis par la distance, leur parvinrent encore et, enfin, le silence se fit.

Garab se prosterna devant l'ermite, un vieillard d'apparence robuste, entièrement nu, sauf un morceau d'étoffe de coton jaune-rosé formant un court *doti*[1].

1. Le vêtement national hindou, une pièce d'étoffe, plus ou moins large et longue enroulée autour des reins et passée entre les jambes de façon à former une sorte de pantalon.

— Qu'est-ce qui t'amène, mon fils? Que désires-tu de moi? lui demanda le yoguin avec bienveillance. Et d'abord, qui es-tu?

Garab avoua franchement tout ce qui se rapportait à l'humble condition de sa mère, à sa naissance d'un père inconnu, mais ne dit rien de plus.

— Ce sont là choses anciennes, fit remarquer le vieillard. Mais, depuis?... Qu'es-tu venu faire à Kailas[1]? Pèlerinage?... Tu n'es pas seul, tu as des compagnons, des chevaux dans la vallée. Tu es riche. D'où te vient ce que tu possèdes?

Garab devinait que l'ermite le questionnait pour éprouver sa sincérité, mais, qu'en fait, il avait déjà lu en lui et appris tout ce qui le concernait.

— Vous savez toutes ces choses, seigneur ermite *(jowo gomchén)*, dit-il humblement. Je suis un grand pécheur.

— Il ne m'appartient pas de te montrer la bonne voie, déclara l'ascète. Tu rencontreras, plus tard, un ermite de ton pays qui l'essaiera. Tâche, lorsque ce moment sera venu, de profiter de ses leçons.

« Des visions t'ont effrayé, n'est-ce pas?...

« Ecoute-moi attentivement:

« Tu es le fils d'un homme de l'Inde. Ton père était un de ces Bhairavis aux mœurs dissolues, qui pratiquent une magie démoniaque pour reculer indéfiniment le moment de la vieillesse, réparer l'usure de leur corps et atteindre à l'immortalité.

« Sache que le magicien, expert en cette science maudite, peut capter le souffle vital des êtres en l'aspirant sur leur bouche et que, par un procédé plus mystérieux encore, l'énergie qui suscite et alimente toutes les formes de vie peut être absorbée par l'homme, aux dépens de la femme, au cours des relations sexuelles.

1. Le nom hindou du Khang Tisé.

« C'est là un prodigieux secret que des initiés criminels utilisent, faisant de nombreuses victimes, car les femmes qui deviennent leur proie meurent en peu de temps.

« Mais très peu de ces démons humains soutiennent longtemps l'effort nécessaire à leur succès. Pour que le but du rite soit atteint, celui qui le pratique doit être capable de demeurer toujours impassible, surmontant tout désir de goûter un plaisir sensuel. Des hommes à l'esprit impur et cruel, animés par des motifs égoïstes, ne sont guère capables d'une aussi sévère discipline ; la plupart d'entre eux succombent, un jour ou l'autre, à la demande de leurs sens, et, ce jour-là, ils sont perdus. La vitalité qu'ils ont dérobée à autrui, s'échappe d'eux par tous les pores de leur corps et ils périssent bientôt, misérablement.

« Ainsi est mort ton père, parce qu'il t'a donné la vie qu'il devait préserver en lui.

« Il est mort loin de son pays natal et, comme il n'avait pas d'autre descendant que toi, personne n'a célébré, pour son bénéfice, les rites qui procurent, à l'esprit désincarné, le nouveau corps qui lui est nécessaire pour entrer dans le monde des ancêtres[1].

« Faute d'avoir obtenu les éléments indispensables à la constitution de ce nouveau corps, l'esprit de ton père est devenu un fantôme chez qui persiste la soif des sensations éprouvées de son vivant et les mauvais instincts qui l'animaient alors. Il s'efforce de soutenir l'existence de son « double » subtil et d'alimenter celui-ci en recourant aux pratiques auxquelles il était adonné pendant sa vie.

« Quand tu es arrivé à Kailas, tes pensées

1. C'est une croyance hindoue. Le monde des ancêtres est le Pitri lôka.

concentrées sur ta conception en ce lieu et sur le père qui t'y a engendré ont magnétiquement attiré l'esprit désincarné qui, lui aussi, gardait la mémoire de l'acte qui l'avait conduit à sa perte. Il a reconnu son sang en toi et s'est attaché à toi, voulant te reprendre la vie qu'il t'a donnée aux dépens de la sienne. Ton amour sensuel pour la femme qui t'accompagne a, également, alimenté la sensualité cruelle qui subsiste en lui. Il a voulu posséder ta maîtresse pour s'approprier sa force vitale propre et la part d'énergie physique que tu as pu lui communiquer. Tous deux vous deviez devenir ses victimes ; mais je vous sauverai.

« Les rites funéraires en usage dans l'Inde ne peuvent pas être célébrés dans les circonstances présentes. Il suffira d'en accomplir la partie essentielle. Bien qu'étant *sannyâsin*[1], j'ai renoncé à toutes pratiques religieuses, en tant que brahmine, j'ai le droit de les célébrer. Je le ferai, demain, pour toi. »

L'ermite donna alors quelques galettes de farine à Garab pour son repas du soir et l'engagea à passer la nuit dans sa hutte.

Le lendemain matin, le yoguin prépara quelques petites boulettes avec du riz. Puis, ayant appelé le défunt, il les offrit, lui recommandant de prendre des forces pour traverser les rivières et les cols de montagne qu'il rencontrerait dans son voyage vers le monde des ancêtres et l'adjurant de ne pas s'écarter de la bonne route, afin de ne pas s'égarer.

— Mon fils, dit-il ensuite à Garab, ton père veut quelque chose de toi ; donne-le-lui afin qu'il ne te prenne pas davantage.

1. Un ascète d'ordre supérieur qui a renoncé à tous liens avec ce monde, renoncé à la gloire posthume et renoncé à une renaissance dans le monde des dieux. Les sannyâsins sont des védantins panthéistes qui tendent à s'identifier avec l'être unique.

Il lui commanda d'arracher quelques fils de sa robe et quelques-uns de ses cheveux et de les placer parmi les offrandes en prononçant :

— Voici un vêtement pour vous, ô père, ne m'enlevez rien de plus pour votre usage[1].

Et, quand tout fut terminé, l'ermite jeta les boulettes, les fils d'étoffe et les cheveux dans le feu.

— Rien de ceci ne doit rester à proximité de ma demeure, dit-il.

Puis il ordonna encore à Garab de former un balai avec de l'herbe et de balayer soigneusement la place où les offrandes avaient été déposées et le terrain autour de celles-ci. Il convenait d'effacer les traces laissées par ces offrandes et par le fantôme qui était venu en saisir le principe subtil, afin que celui-ci ne puisse reconnaître l'endroit et être tenté d'y revenir au lieu de poursuivre directement sa route vers le monde des ancêtres où il se reposerait jusqu'à ce qu'il renaisse une fois de plus dans des conditions heureuses, médiocres ou pénibles, selon les œuvres qu'il avait précédemment accomplies.

— Tu n'as plus rien à craindre du yoguin fantôme, mon fils, dit l'ermite à Garab en le congédiant mais tu as à craindre les fruits de tes actes passés. Je te le répète, tu côtoieras, un jour, la voie du salut. Sache, alors, la reconnaître et ne t'en détourne pas.

Pendant les semaines suivantes, le chef et ses compagnons firent le tour de la montagne, puis ils quittèrent le Khang Tisé, s'en retournant vers l'Est, vers le lointain pays de Kham.

1. Ce sont les termes appartenant au rituel hindou du *çraddha* ou rite funéraire. Ce que l'on craint que le mort n'enlève, c'est la *vie* de ses proches qu'il est tenté de s'approprier pour perpétuer la sienne dans un état d'existence où il demeure comme fantôme, en relation avec notre monde.

Chapitre V

Défaite et ruine des pasteurs-pillards. – Le gué tragique. – Un docteur sorcier emporte le chef blessé. – Son amante entre au couvent.

– Jusqu'à mon retour, vous êtes tous de paisibles pasteurs et ne vous occupez que de vos troupeaux. Point d'expédition, surtout. Attendons que l'oubli se fasse sur celle dont nous venons de recueillir le bénéfice. En Chine, un chef musulman nous guette qui serait heureux de saisir le moindre prétexte pour attaquer nos tribus et s'approprier notre bétail. Dites-le bien à tous. Une grande prudence est nécessaire si nous ne voulons pas attirer le malheur sur nous.

Ainsi Garab avait-il exhorté ses compagnons lorsqu'il s'était séparé d'eux à Lhassa et ceux-ci n'avaient pas manqué de rapporter ses paroles à leurs amis en regagnant leurs campements respectifs. Tous en avaient loué la sagesse et, pendant quelques mois, les ordres du chef avaient été obéis à la lettre. Mais le temps passait, Garab ne revenait pas. Pourquoi s'attardait-il ainsi ? Lui était-il arrivé un accident? Etait-il malade?... ou mort, peut-être ? Il avait exprimé l'intention d'examiner si un terrain fructueux à exploiter ne se trouverait pas dans les régions qu'il traverserait. Qui sait s'il ne l'avait pas trouvé, s'il n'avait pas formé une autre bande, s'il n'était pas en train de s'enrichir tandis qu'eux demeuraient inactifs dans leurs tentes, comme des femmes, laissant sottement passer devant eux les convois des marchands qui traversaient la région.

Ces idées, d'abord vagues, prenaient de plus en plus de consistance dans l'esprit des pasteurs-brigands, à mesure que le temps s'écoulait. Ils avaient commencé à les exprimer timidement, entre amis puis, peu à peu, les avaient discutées ouvertement dans les conseils des chefs et des aînés. Leur avidité, tentée par le passage des caravanes, devenait difficile à réfréner et, un des leurs, qui secrètement jalousait Garab, excitait celle-ci par ses propos dans l'espoir de prendre la place du chef absent, s'il pouvait effectuer un coup profitable.

Le jour vint où, incapables de contenir plus longtemps leurs instincts d'oiseaux de proie, les pillards décidèrent de réorganiser la bande sous la conduite de Dawa, l'homme impatient de s'affirmer comme chef.

Deux caravanes étaient signalées. L'une d'elles transportait des marchandises de la Chine au pays de Ga et passerait près des lacs jumeaux : Kyara et Nora[1]. L'autre était la caravane annuelle des Tibétains d'Amdo qui vont vendre des chevaux et des mules à Lhassa. Le troupeau qu'ils escortaient comprenait plus de trois cents têtes. Comme d'habitude, les Tibétains traversaient les solitudes herbeuses à l'ouest des campements des bandits, par Tsaïdam et Hor Nagchuka.

A quelques semaines d'intervalle, les deux caravanes furent attaquées. Les gens d'Amdo se défen-

1. Noms tibétains des lacs dénommés Oring et Noring sur les cartes.

dirent vigoureusement ; les malandrins ne purent s'emparer que d'une faible partie des bêtes qu'ils conduisaient et laissèrent deux morts sur le champ du combat. D'autre part, l'un des marchands chinois, allant à Ga, se noya dans un torrent en cherchant à s'enfuir, au moment où son convoi était attaqué et, des trois blessés qu'avaient eus les caravaniers d'Amdo, l'un succomba en cours de route tandis que ses compagnons l'emmenaient avec eux vers le Tibet central.

Le bruit que firent ces deux attentats, venant après une période de tranquillité relative, émut l'opinion, tant dans les régions frontières de la Chine qu'au Tibet. Des deux côtés, les marchands, menacés par les bandits, réclamèrent leur punition. Le général musulman qui, de longue date, préparait contre les pasteurs-pillards une expédition qui puisse être profitable à ses troupes irrégulièrement payées, fut trop heureux qu'on lui fournît l'occasion de paraître la décider pour faire justice et assurer la sécurité des voyageurs honnêtes. Ses hommes, pour la plupart des Chinois métissés de Turcomans, tous braves et bien exercés, tombèrent sur les campements et n'eurent pas de peine à triompher de la résistance mal organisée qui leur fut opposée. Un grand nombre de pasteurs périrent dans les combats ou tandis qu'ils fuyaient, poursuivis par les soldats, et tous les prisonniers furent massacrés.

Les succès de Garab, au cours d'une dizaine d'années de hardi brigandage, l'ayant, depuis longtemps, signalé à l'attention du général musulman, celui-ci avait enjoint aux officiers commandant l'expédition de s'emparer de lui, mort ou vif, et de lui envoyer sa tête qu'il voulait exposer dans une ville de la frontière fréquentée par les pasteurs, afin d'intimider ceux qui seraient tentés d'égaler ses exploits.

Les musulmans comptaient voir le célèbre bandit à la tête de ses hommes, dirigeant la défense des campements. Mais, à ce moment, le chef s'en revenait tranquillement du Khang Tisé sans se douter le moins du monde de ce qui se passait chez ses amis.

Le signalement de Garab, donné par plusieurs de ses anciennes victimes, ne correspondait aucunement à la physionomie de Dawa, le chef actuel, le malavisé initiateur des attaques imprudentes qui avaient déclenché les terribles représailles redoutées par Garab. Les officiers musulmans ne s'y trompèrent pas. Dawa ayant été blessé et fait prisonnier fut bâtonné avec férocité et, cédant à la souffrance, il raconta à ceux qui l'interrogeaient que Garab était parti, il y avait déjà longtemps, avec sa femme et deux compagnons, allant au Khang Tisé et que, selon toutes probabilités, tous quatre ne tarderaient pas à revenir. Après qu'il eut fourni ces renseignements, le malheureux fut assommé.

L'expédition terminée, le gros de la troupe s'en retourna dans ses foyers, emmenant les troupeaux des vaincus, ceux de Garab se trouvant dans le nombre. Quelques postes militaires, disséminés dans le pays, furent chargés de veiller à ce que les tribus dispersées ne reconstituent point de nouvelles bandes. Le signalement du groupe formé par Garab et les siens fut minutieusement donné dans toute la région avec ordre, à quiconque l'apercevrait, de se saisir du brigand. Puis, les vastes alpages, un instant troublés par le bruit des combats, s'enveloppèrent, de nouveau, de calme et de silence.

Dans son voyage vers Lhassa, Garab avait traversé les plateaux déserts qui s'étendent au nord de Hor Nagchuka. C'était dans ces parages qu'il avait attaqué la caravane des pèlerins mongols, dont Détchéma faisait partie. Mais, en revenant du lointain Khang Tisé, après des mois de voyage dans la solitude et se trouvant toujours sous l'impression angoissante du drame bizarre qui s'était joué au pied de la montagne sacrée, Garab avait préféré suivre une route habitée. C'est ainsi qu'ayant été de Lhassa à Giamda, il était ensuite remonté vers le nord, se dirigeant vers Tchérkou[1] distant d'une dizaine de jours de marche, seulement, du lieu de son campement habituel.

Ce fut près de Nantchén[2], peu après être sortis du territoire soumis au gouvernement de Lhassa, que les voyageurs apprirent les événements qui s'étaient passés quelques mois plus tôt chez les pasteurs, leurs amis.

Un villageois venant en sens inverse s'arrêta en les voyant, poussant une exclamation de surprise.

— Que les saints lamas nous protègent ! C'est vous, cher Garab ?

— C'est moi, répondit tranquillement Garab.

— Que faites-vous ici ?

— Je reviens d'un pèlerinage au Khang Tisé et je retourne chez moi.

— Chez vous !... Vous ne savez donc rien ?

Et l'homme, rapidement, répéta tout ce qu'il avait entendu raconter concernant l'expédition des musulmans, le massacre des pasteurs et la ruine complète de ceux qui y avaient échappé par la fuite.

1. Nom tibétain du poste avancé chinois, dénommé Jakyendo sur les cartes.

2. Localité où réside le chef indigène du pays de Ga.

Il informa aussi Garab que des soldats se trouvaient à Nantchén, que sa tête avait été mise à prix et que le fait qu'il voyageait avec une femme et deux hommes était connu et servirait à l'identifier. Il conseillait à l'ex-chef de repasser, au plus vite, la frontière tibétaine et, surtout, tant qu'il serait encore en territoire chinois, de ne pas conserver près de lui sa compagne qui le désignerait à l'attention.

Cela dit, le paysan assura Garab qu'il ne confierait à personne qu'il l'avait rencontré et se hâta de le quitter, ne voulant pas être compromis si, par hasard, un passant survenait et le voyait en sa compagnie.

— Il faut que nous nous séparions, déclara Gorin dès que l'homme fut éloigné. Si un groupe de quatre personnes est signalé, des cavaliers isolés ne seront pas spécialement remarqués. Quant à Détchéma, elle ne peut demeurer avec aucun de nous ; sa présence nous trahirait. Elle doit, pour notre sécurité et, aussi, pour la sienne, changer complètement d'apparence. Qu'elle enlève ses bijoux — le chef les gardera cachés sur lui, s'il ne le juge pas imprudent —, qu'elle salisse sa jolie robe pour que celle-ci ait l'air d'un vieux vêtement. Surtout, qu'elle se coupe les cheveux tout ras ; cela la rendra méconnaissable et elle pourra se donner pour une religieuse allant en pèlerinage. Personne ne songera à établir aucun rapport entre elle et nous ; elle passera la frontière sans être remarquée. D'ailleurs, elle n'est pas du pays, personne ne l'y connaît. Si on ne la voit pas avec nous, qui pourra deviner qu'elle est votre femme ? Même si cela était découvert, elle pourrait dire que vous l'avez abandonnée ; cela ne paraîtrait pas très étonnant de votre part à ceux qui vous connaissent, vous en avez laissé plus d'une… Dans tous les cas, Détchéma ne risque pas d'être fusillée, tandis que nous…

Gorin hocha la tête, sans achever sa phrase.

— Séparons-nous donc, répondit Garab. Peut-être est-ce, en effet, le parti le plus sage. Mais quant à Détchéma, cela me regarde, seul. Je ne la quitterai pas.

Détchéma pleurait.

— Pourtant, dit-elle, s'il le faut pour assurer ta sécurité, Garab, pars sans moi. Mais, me couper les cheveux ! Non, je ne le pourrai jamais. Ce n'est pas indispensable. Je puis m'en aller à pied et suivre une autre route que toi. Je te rejoindrai où tu voudras. Je cacherai mes bijoux sous ma robe, je la roulerai dans la poussière pour la salir, je porterai une couverture et des vivres sur mon dos. On me prendra pour une villageoise qui va voir des parents demeurant loin de chez elle. Nous sommes encore près de la frontière ; dans deux jours, je l'aurai franchie. Je ne rencontrerai probablement pas de soldats sur mon chemin. Si j'en rencontre, ils ne sauront pas qui je suis… et puis, Gorin a raison, même s'ils découvraient que je suis ta femme, ils ne me tueraient pas.

— Non, ils ne te tueraient pas ! s'exclama Garab pris de rage. Ils…

L'idée que Détchéma, qu'il avait eue vierge et qui, il en était sûr, n'avait jamais connu que lui, pourrait servir à l'amusement de soudards lubriques le rendait fou. Depuis qu'il avait soupçonné la jeune femme d'avoir goûté les horribles caresses du fantôme démoniaque, au Khang Tisé, Garab entretenait à son sujet une défiance irritante, toujours en éveil.

Détchéma, pensait-il, n'ignorait pas ce qu'il adviendrait d'elle si elle tombait aux mains des soldats, ceux-ci sachant qu'elle était la femme du bandit qu'ils cherchaient. Elle paraissait s'y résigner bien aisément. Qui sait si elle n'en attendait pas du plaisir ?...

Il proféra un horrible juron. Il était livide et tremblait de tous ses membres.

— Nous ferions bien de ne pas rester sur le chemin, fit observer Tsöndu qui remarquait avec inquiétude l'agitation croissante du chef. Nous venons d'être rencontrés et reconnus ; il ne faut pas que nous risquions de l'être de nouveau. Il est prudent que nous nous cachions jusqu'au soir. D'ici là, nous aurons le temps d'examiner sérieusement ce que nous devrons faire.

La sagesse de ce conseil était évidente. Les quatre cavaliers tournèrent bride et, peu après, ayant aperçu une large crevasse tortueuse qui s'ouvrait dans le flanc de la montagne, très au-dessus de la route, ils mirent pied à terre, et, prenant leurs montures par la bride, ils les aidèrent à gravir la pente raide qui y conduisait. Là, ils se dissimulèrent dans les sinuosités du ravin et tinrent conseil.

La situation inattendue dans laquelle ils se trouvaient aurait paru d'une gravité accablante à d'autres qu'à ces hardis coureurs d'aventures. Ils étaient ruinés, séparés des leurs, obligés de s'exiler pour longtemps et de pourvoir, à bref délai, à leur subsistance ; mais rien de cela ne les épouvantait. Leur seule préoccupation sérieuse concernait leur chef qui les avait conduits à tant de profitables victoires et dont la vie était menacée. Quant à eux, il leur suffirait de retourner en territoire tibétain sans être découverts, et cela ne paraissait pas offrir beaucoup de difficultés si, comme Gorin l'avait conseillé, leur groupe se divisait.

Garab procéda au partage des provisions et de l'argent qui restaient dans les sacs. Aux instances de ses deux compagnons qui l'adjuraient de se séparer de Détchéma, il répondit par des refus catégoriques et ceux-ci durent renoncer à insister.

Gorin et Tsöndu déclarèrent, alors, qu'ils prendraient, chacun séparément, des routes traversant des cols vers l'est, voulant laisser à leur chef, beaucoup plus menacé qu'eux, l'itinéraire le plus court et le plus aisé. Celui-ci consistait à retourner sur ses pas. Garab connaissait parfaitement la route, puisqu'il venait de la parcourir et, même pendant la nuit, il saurait trouver l'emplacement du gué qu'il fallait traverser à la frontière.

S'il eût été seul, Garab n'eût pas accepté l'avantage qui lui était offert, mais il songeait à Détchéma, aux soldats et à tous les autres – Chinois ou Tibétains – qui voudraient la prendre s'il n'était plus là. Et, pour empêcher *cela,* le hardi brigand qui, d'ordinaire, faisait bon marché de sa vie, voulait vivre, à tout prix.

A la tombée de la nuit, les quatre compagnons ramenèrent leurs chevaux sur le sentier et après s'être, mutuellement, souhaité bonne chance, ils se séparèrent.

Garab et Détchéma devaient franchir, cette même nuit, des espaces ouverts et atteindraient, vers le matin, des gorges boisées où ils demeureraient cachés jusqu'au soir.

La chevauchée nocturne des deux amants s'effectua sans incident. Le jour commençait à poindre quand ils entrèrent dans la région accidentée, couverte de forêts, où ils avaient décidé de faire halte. D'après le calcul de Garab, en se remettant en route au coucher du soleil et en accélérant leur allure, ils pourraient atteindre le gué avant qu'il fît tout à fait nuit.

Ce gué était le seul qu'offrît, sur une longue distance, la rivière qui, dans ces parages, constitue la démarcation entre les territoires dépendant, respectivement, de la Chine et du gouvernement de Lhassa. A cet endroit, le cours d'eau qui, partout ailleurs, coule profondément encaissé, s'étale à l'extrémité d'un vaste plateau où aboutissent plusieurs vallées. Il s'agissait, pour les fugitifs, d'arriver là sans encombre.

Une pluie diluvienne se mit à tomber dès le lever du soleil et ne cessa que très tard dans l'après-midi. De tous côtés, les pentes des montagnes déversaient des torrents dans les vallées dont les moindres ruisseaux s'enflaient démesurément. Quand Garab et Détchéma atteignirent le plateau, ils constatèrent que la rivière débordait, roulant avec rapidité des eaux fangeuses parmi les blocs erratiques disséminés sur ses rives et encombrant son lit. Le gué se trouvait encore loin de l'endroit où ils étaient arrivés, mais ils pouvaient déjà se rendre compte que la hauteur de l'eau et la vitesse de sa course ne permettraient pas de tenter le passage. Une demi-journée s'écoulerait, sans doute, avant que le niveau de la rivière ait suffisamment baissé pour que des cavaliers puissent s'y aventurer. De plus il serait alors nécessaire de s'assurer que la force du courant n'avait pas déplacé le gué, ce qui arrive fréquemment dans les cas de crue violente. Or, cette reconnaissance ne pouvait être effectuée qu'en plein jour.

Les fugitifs se regardaient en silence, déconcertés par l'incident inattendu qui contrariait leur plan.

La gravité de leur situation ne devait, toutefois, pas être exagérée. Il était certain que Garab n'était pas activement recherché. Plusieurs mois s'étaient écoulés depuis l'expédition des musulmans. L'excitation qu'elle avait causée chez ceux-ci devait être notablement calmée. Dawa avait déclaré que le retour de Garab au pays était probable et, sans doute, prochain : cela ne signifiait pas que ce retour fût certain. Le chef pouvait avoir appris, au loin, ce qui s'était passé chez lui et, dans ce cas, il se garderait bien d'y revenir. Il suffisait, pour sa sûreté, qu'il évitât d'être vu. Et même si des gens qui ne le connaissaient pas le rencontraient, ils ne songeraient pas à établir un rapport entre un voyageur se dirigeant vers le Tibet et le chef de bande qui devait arriver, en sens inverse, venant du Tibet.

Garab cherchait, par ces raisonnements, à rassurer sa compagne qu'il voyait très soucieuse. Toutefois, une station prolongée dans cet endroit ouvert lui semblait indésirable.

— Nous devrions, peut-être, retourner en arrière et nous cacher, de nouveau, dans les bois jusqu'à ce que l'eau baisse, dit-il. S'il ne pleut plus, sa hauteur diminuera beaucoup pendant la nuit. Ou bien, puisque l'obscurité viendra bientôt, nous pourrions continuer notre route jusqu'en face du gué. A l'aube, je l'inspecterais.

Détchéma scrutait le ciel et l'horizon. D'épais nuages noirs planaient très bas et un mur de brouillard s'avançait lentement à l'extrémité opposée du plateau.

— La rivière ne baissera pas, dit-elle. Il pleuvra encore cette nuit.

Puis, tout à coup, ses yeux se fixèrent sur un point éloigné, s'efforçant de distinguer, nettement, des formes qu'elle avait entrevues.

— Garab ! s'exclama-t-elle. Regarde, là-bas... Deux cavaliers. Ils ne portent pas de robes, ce ne sont pas des gens du pays... ce sont des soldats... Ils viennent de ce côté !

— Oui, je les vois, répondit Garab. Il est possible qu'ils nous aient vus aussi. Ou bien, ils nous apercevront bientôt. Nous ne pouvons plus rebrousser chemin, maintenant. Cela leur paraîtrait bizarre. Continuons notre route. Ces soldats reviennent d'une tournée d'inspection, ou bien de la chasse, ils vont prendre le chemin par où nous sommes venus ; ne nous attardons pas. Avant qu'ils soient ici, nous serons hors de vue.

— Mais nous ne pourrons pas traverser la rivière !

— Pour cela, non. Avançons toujours, mettons de la distance entre eux et nous. Nous aviserons ensuite.

Tandis qu'il parlait, Garab avait remis son cheval au trot et s'éloignait en suivant la rivière. Comme il venait de le dire, Détchéma et lui seraient déjà loin lorsque les soldats, venant de l'extrémité opposée du plateau et le traversant en biais, arriveraient à l'endroit où ils s'étaient arrêtés pendant un instant.

Mais voici que les deux cavaliers changeaient de direction ; visiblement, ils voulaient rejoindre les voyageurs qu'ils avaient aperçus. Pourquoi ? Très probablement, l'idée ne leur était pas venue que, devant eux, se trouvait l'homme dont la tête pouvait leur valoir une forte prime. Sans doute, effectuant une tournée d'inspection à la frontière, autour de laquelle les espions pullulaient, voulaient-ils simplement interroger le couple qui voyageait à la nuit tombante, par mauvais temps.

La vision torturante de Détchéma étreinte par d'autres bras que les siens s'imposa, de nouveau, soudainement à Garab, troublant son jugement d'ordinaire sagace. Oubliant les réflexions très rassurantes qu'il avait émises un instant auparavant et perdant son sang-froid, il cravacha la monture de la jeune femme, lui fit prendre le galop et galopa lui-même derrière elle.

Ce brusque changement d'allure dut paraître suspect aux soldats ; à leur tour, ils partirent au galop et la poursuite commença. Se dirigeant, maintenant, en ligne droite sur Garab et sur sa compagne qui suivaient toujours le bord de la rivière, les soldats se rapprochaient rapidement d'eux. Le chef prit en main le fusil qu'il portait en bandoulière et, tireur émérite, sans ralentir sa course, visa le plus proche des cavaliers. Sa balle l'atteignit en pleine poitrine ; l'homme tomba de son cheval. L'autre soldat, arrivant près de lui, mit pied à terre et examina pendant quelques minutes le corps gisant sur le sol. Sans doute, la mort avait-elle été instantanée car, sans s'attarder auprès de son compagnon, comme il l'aurait fait pour donner des soins à un blessé et le ramener au poste le plus voisin, il sauta sur sa bête et reprit la chasse.

Que son identité fût ou non reconnue, l'ex-bandit se trouvait être, maintenant, l'assassin d'un soldat et, seule, la fuite pouvait sauver sa vie.

Sur la rive opposée, des bois s'avançaient jusqu'au bord de l'eau. D'après l'aspect du paysage il semblait à Garab qu'il se trouvait à proximité du gué. Mais comment en reconnaître l'emplacement exact à la nuit tombante, dans cette eau écumeuse qui grondait avec un bruit de tonnerre entre les rochers ?

Une détonation retentit ; le soldat avait tiré ; la balle siffla près de Garab, sans l'atteindre. Il se retourna à demi sur sa selle et tira à son tour. Le soldat poussa un cri, porta une main à son épaule mais continua sa course.

A ce moment, des appels s'entendirent, venant de loin, dans le brouillard ; des hommes arrivaient.

Le cavalier blessé leur répondit en les hélant en chinois. Garab comprit qu'un détachement parcourait cette région ; les deux soldats qui l'avaient poursuivi s'en étaient écartés pour battre le pays en éclaireurs et leurs camarades accouraient, attirés par les coups de feu. Une seule ressource restait aux fugitifs, profiter de la demi-obscurité et traverser la rivière frontière.

— Détchéma ! Bien-aimée ! C'est peut-être la mort, mais peut-être le salut. Viens, cria Garab hors de lui.

Saisissant, par la bride, le cheval que montait son amie, il l'entraîna, à travers les terres inondées, vers le milieu du courant. Par un hasard extraordinaire, ils se trouvaient sur le gué balayé à ce moment par la ruée furieuse des eaux. Tour à tour, leurs chevaux nageaient affolés, emportées par le courant, puis, reprenant pied, trébuchaient sur les galets roulés par les flots. Les deux amants approchaient pourtant de la rive lorsque le cheval de Détchéma s'abattit ; le choc projeta la jeune femme dans la rivière et le courant rapide l'emporta immédiatement. Avant même que Garab, gêné par le cheval qui s'agitait en s'efforçant de se relever, ait pu tenter un mouvement utile pour retenir son amie, rien ne demeurait plus visible d'elle que ses deux petits mains tournoyant dans les remous écumeux, parmi les rochers.

Comme un fou, sans savoir ce qu'il faisait, Garab sauta de son cheval sur un roc plant, émergeant en partie et, de celui-ci, sur un autre touchant presque à la terre sèche. L'idée extravagante qu'il pourrait courir le long de l'eau, gagner de vitesse sur le courant et arrêter Détchéma au passage venait de naître en lui.

A ce moment, un coup de feu partit du bord

opposé ; touché entre les épaules, Garab roula derrière le roc dressé sur lequel il s'était tenu debout pendant un instant.

De plus épaisses couches de brouillard s'étendaient rapidement sur la rivière et ses environs, ajoutant à l'obscurité de la nuit. A plus de deux pas de distance, il était impossible de rien distinguer.

A l'endroit où Garab était tombé, l'eau était peu profonde et le courant, brisé par un banc de roches, ne se faisait que faiblement sentir. L'obscurité aidant, il suffisait au fugitif de rester courbé et immobile pour ne pas être repéré.

Vaguement, parmi le tumulte des eaux. Garab discerna des bruits de voix, puis le piétinement des chevaux d'une troupe qui s'éloigne. Il était sauvé !

L'excitation qui lui avait troublé l'esprit se calmait ; il recommençait à penser plus lucidement.

Les soldats qui l'avaient poursuivi et ceux qui les avaient rejoints savait-ils qui il était ? se demandait-il. Croyaient-ils qu'il avait été emporté par le courant lorsqu'il était tombé du rocher ? Le brouillard leur avait-il permis de le voir tomber ? Pensaient-ils qu'il était mort et, le lendemain, au jour, se mettraient-ils à la recherche de son corps pour lui couper la tête, l'envoyer à leur chef, conservée dans du sel, et toucher la prime promise ? Et dans leur recherche, trouveraient-ils Détchéma ?

Détchéma !... C'est lui qui devait la retrouver, vivante ou morte... Comme elle s'en allait, surnaturellement légère, au fil de l'eau !... Il gardait, gravée dans sa mémoire, la vision de ses deux petites mains tourbillonnant comme des papillons parmi les remous de la rivière. Il devait l'y garder toujours.

Détchéma !...

Garab sentait un mince ruisseau tiède couler le

long de son dos. Sa blessure était-elle sérieuse ? Il ne souffrait pas beaucoup, mais la tête lui tournait, une grande faiblesse l'envahissait, ses idées se brouillaient.

Il chercha à se ressaisir. Je dois sortir de la rivière, pensa-t-il. Il se redressa avec peine et avança lentement, en tâtonnant. Quelques minutes plus tard, ses mains rencontraient des buissons et, en s'y accrochant, il accostait sur le territoire tibétain.

Il fit encore quelques pas. L'idée fixe de suivre le bord de la rivière, en descendant le courant, pour rechercher Détchéma, persistait en lui, puis un voile passa devant ses yeux ; il glissa au pied d'un arbre et perdit connaissance.

Aux premières lueurs de l'aube, deux cavaliers, l'un âgé et l'autre jeune, suivaient un sentier zigzaguant entre les bois, à proximité de la rivière, sur la rive tibétaine. Ils avaient passé la nuit dans un village voisin et se rendaient, loin de là, à un monastère Böns[1]-médecins auquel le plus âgé des voyageurs appartenait. Ce dernier, nommé Migmar, était l'oncle maternel de son jeune compagnon qui s'appelait Anag. Le père et la mère d'Anag étaient morts depuis peu pendant une épidémie et Migmar, jugeant la profession médicale propre à assurer une confortable situation à son neveu, avait été le chercher pour le conduire au monastère où l'art de guérir par les médicaments et par les pratiques magiques lui serait enseigné.

Tous deux s'entretenaient des dégâts causés par la pluie et l'inondation de la veille, lorsqu'un hennissement interrompit leur conversation. Devant

1. Les *Böns* sont les sectateurs de la religion qui existait au Tibet avant que le bouddhisme y fût introduit, vers le VIIe siècle.

eux, un cheval sellé, sortant des bois, saluait leurs propres montures. Le maître de l'animal n'était visible nulle part.

— Ce cheval se sera sauvé tandis que son maître avait mis pied à terre, dit Migmar à son neveu. Descends et attache-le à un arbre. Le voyageur à qui il appartient doit être à sa recherche, nous le rencontrerons sans doute. Mieux vaut que le cheval ne s'éloigne pas davantage.

Anag s'apprêtait à faire ce qui lui avait été commandé, lorsqu'un autre cheval, tout harnaché aussi, apparut, broutant de-ci, de-là, parmi les taillis.

— Voici qui est étrange ! s'écria le jeune homme. Un autre cheval !

— Il doit y avoir plusieurs voyageurs par ici, répondit Migmar. Lorsqu'un cheval a l'habitude de s'échapper pour folâtrer en liberté, le plus souvent, ceux de ses compagnons qui ne sont pas solidement attachés le suivent. Une seule de ces bêtes capricieuses, parmi un nombre d'autres, cause de grands ennuis en cours de route.

« Tâche de saisir ce second cheval et de l'attacher aussi. Nous hélerons les gens qui doivent être à la recherche de leurs montures. C'est un service à se rendre, entre voyageurs.

Migmar mit pied à terre et Anag, ayant attaché les chevaux vagabonds auprès de celui de son oncle et du sien, lança de toute la force de ses poumons des appels à travers les bois. Rien n'y répondit.

— Ils sont peut-être loin d'ici, dit Migmar. La rivière a beaucoup baissé, mais elle est encore bruyante ; elle doit couvrir ta voix. Attendons encore un peu.

Anag continuait ses appels, en se déplaçant, dans différentes directions, à travers les bois. Tout à coup, il poussa une exclamation, puis se mit à crier :

— Oncle Migmar ! Oncle Migmar ! Venez !... Il y a un mort, ici !

Migmar accourut.

Au pied de l'arbre où il était tombé la veille au soir, Garab gisait toujours sur le sol boueux.

Comme les deux hommes se penchaient sur lui, ils l'entendirent gémir faiblement.

— Il n'est pas mort, mon oncle, s'exclama Anag.

— Il n'a pas l'air d'en être loin, répondit Migmar qui s'était agenouillé et commençait à examiner Garab avec un calme professionnel.

— Il a dû être surpris hier par la crue ; la rivière débordée l'aura poussé jusque-là, dit Anag.

— Tais-toi ! lui ordonna brusquement son oncle. La rivière n'est pas montée jusqu'où nous sommes et cet homme n'est pas un noyé. Eh ! eh !... Vraiment...

Migmar avait enlevé la robe boueuse de Garab et découvert sa blessure.

— Il s'agit d'un crime, mon garçon, dit-il à voix basse. Ce malheureux a reçu une balle dans le dos. Il doit être le maître d'un des chevaux que nous avons pris. Son compagnon qui montait l'autre bête gît probablement, aussi, quelque part dans les bois. Tous deux auront été attaqués par des bandits. Ne nous attardons pas ici ; ne faisons pas de bruit, les malandrins rôdent peut-être encore dans ces parages... Mais pourquoi n'ont-ils pas emmené les chevaux ?... Voilà qui est singulier.

— Les deux voyageurs se sont peut-être querellés et battus, hasarda le jeune homme.

— Et se sont mutuellement blessés, continua Migmar. C'est possible. Cherchons l'autre.

Les deux hommes transportèrent Garab dans un endroit entouré de taillis, qui le cachaient aux passants, s'il en survenait. Là, le docteur Migmar lava et pansa hâtivement sa blessure, puis l'oncle et le neveu battirent les bois pendant quelque temps sans découvrir la moindre trace d'un autre voyageur.

— Nous ne pouvons pas nous attarder davantage, dit Migmar, cela pourrait être dangereux. L'autre homme est peut-être tombé dans la rivière. Nous allons emporter le blessé. Il est tout à fait inconscient. Nous le coucherons entre nos sacs de bagages, sur une de nos bêtes. Je monterai l'un des chevaux que nous avons trouvés.

— Nous emmènerons l'autre aussi?

— Naturellement! On n'abandonne pas, sur la route, des bêtes de cette valeur. Si le blessé reprend conscience, guérit et réclame les chevaux, je causerai avec lui... As-tu vu ce que contiennent les sacs suspendus aux selles?

Les sacs contenaient de l'argent, des provisions et des vêtements mouillés.

— Ces gens-là ont traversé la rivière, ou tenté de le faire, murmura pensivement le médecin.

— Nous laisserons le blessé et son cheval au prochain village que nous rencontrerons sur notre route, dit Anag, comme si la chose allait de soi.

— Non pas, répliqua vivement son oncle. Nous l'emmènerons au monastère où il sera bien soigné... s'il arrive jusque-là, acheva-t-il entre ses dents.

— Ne souffle mot à personne de notre rencontre, reprit Migmar. Pour tous, le malade est notre ami qui est tombé de cheval dans la montagne et s'est dangereusement blessé. Les quatre chevaux nous appartiennent. Tu as compris? Si tu me désobéissais et bavardais avec les gens que nous rencontrerons, tu t'en trouverais mal.

Le vieux médecin regardait son neveu d'un œil si dur que le jeune homme frissonna.

— Je n'ai nulle envie de vous désobéir, mon oncle, répondit-il avec soumission. Vous savez, mieux que moi, ce qu'il convient de faire.

Mais, intérieurement, Anag se demandait s'il n'avait pas eu tort de suivre cet oncle qui lui apparaissait soudain si autoritaire et même un peu redoutable.

Les deux chevaux sont de bonne prise pour moi, pensait, de son côté, Migmar, et, vivant ou mort, le corps de cet homme pourra être utile à notre Grand Maître. Le médecin ne s'appesantit toutefois pas sur cette dernière idée ; l'évocation mentale de ce « Grand Maître » venait de lui causer, mais décuplée, une impression de crainte analogue à celle que son neveu venait d'éprouver : un ruisseau glacé lui semblait couler dans ses veines.

Alors, Migmar et Anag disposèrent des sacs contenant des vêtements sur un de leurs chevaux, y étendirent Garab, toujours inconscient, après l'avoir enveloppé dans une couverture et l'attachèrent solidement sur la bête. Anag noua la bride du cheval qui portait le blessé à la selle de celui qu'il allait monter lui-même, c'était le cheval de Détchéma. Le docteur enfourcha le cheval qui appartenait à Garab, le sien, chargé de provisions, cheminant devant lui. Et les voyageurs de remirent en route, continuant leur voyage vers le lointain monastère des Böns-médecins.

Le sort avait été encore plus clément envers Détchéma qu'envers son ami. Elle sortait indemne de l'accident qui aurait pu lui coûter la vie. Tombée à l'eau, non loin de la rive, elle avait été entraînée, dans une succession de remous se produisant le long de celle-ci, au lieu d'être happée par le courant torrentiel du milieu de la rivière. Finalement, une centaine de mètres plus bas, elle avait échoué, à demi suffoquée et fortement meurtrie, mais saine et sauve, sur une plage minuscule formée par une échancrure du rivage.

La situation où elle se trouvait ne laissait cependant pas que d'être critique. La petite plage n'était point à sec ; Détchéma y baignait dans l'eau presque à mi-jambe. Derrière elle, le roc, supportant la berge, se dressait perpendiculaire et lisse, très au-dessus de sa tête, paraissant, pour autant qu'elle en pouvait juger dans la nuit, impossible à escalader. A droite et à gauche, elle était cernée par le flot. Que la pluie se remît à tomber, élevant encore davantage le niveau de la crue, et la prisonnière se noyait. Heureusement pour elle, le brouillard persista sans se résoudre en pluie ; à mesure que les heures s'écoulaient, Détchéma sentait baisser l'eau dans laquelle ses pieds trempaient. Vers le milieu de la matinée, la petite plage était complètement à sec et, en amont de celle-ci, il devenait possible de gagner la rive en sautant de roc en roc et en traversant des flaques d'eau peu profondes. Détchéma s'empressa de quitter son refuge précaire pour un endroit plus sûr.

Pendant cette nuit tragique, la jeune femme n'avait pas cessé de penser à Garab. Qu'était-il devenu ? Meilleur cavalier qu'elle, probablement avait-il traversé le gué sans accident. Sans doute la croyait-il morte ; peut-être, au lieu de s'éloigner, voudrait-il rechercher son corps, se laissant voir imprudemment. S'ils savaient que celui qui leur avait échappé était, non pas un contrebandier ou un espion vulgaire, mais le bandit célèbre dont la tête valait une forte somme, la cupidité pourrait induire les soldats à franchir la frontière s'ils l'apercevait et à le saisir, même en territoire tibétain.

Pour prévenir ce danger, il fallait qu'elle retrouvât Garab au plus tôt.

Tout en agitant ces idées, Détchéma parcourait les bois. Elle arriva à l'emplacement du gué ; la rivière avait fortement baissé et celui-ci se distinguait facilement. C'était tout près de là que Garab avait abordé. Détchéma passa à l'endroit même où il était tombé évanoui, mais rien, en elle, ne l'avertit de ce qui s'y était passé. La houle tumultueuse des impressions et des pensées qui se heurtaient dans l'esprit de la jeune femme l'empêchait, sans doute, de sentir le contact des ondes subtiles que les affres de son amant avaient pu produire dans l'atmosphère du lieu.

Continuer plus loin dans cette direction est inutile, pensa Détchéma. Garab n'est pas demeuré près du gué. S'il cherche mon corps, il le fait, naturellement, en aval de l'endroit où je suis tombée ; il faut que je m'en retourne et suive le bord de la rivière en descendant son cours.

Elle marcha pendant longtemps, ne sentant ni la fatigue ni la faim. De Garab, elle n'apercevait aucune trace. A mesure qu'une plus stricte coordination se faisait dans ses idées, les circonstances de l'accident survenu la veille lui revenaient en mémoire. Garab et elle étaient à cheval. Qu'étaient devenues les bêtes? La sienne était tombée, elle pouvait s'être noyée. Mais le cheval de Garab? Il eût été bizarre qu'un accident identique fût arrivé à leurs deux montures. D'autre part, les deux chevaux se trouvaient trop près du bord de la rivière, au moment où elle y était tombée, pour qu'il fût possible d'imaginer que, débarrassés de leurs cavaliers, ils aient d'eux-mêmes retraversé cette eau profonde et torrentielle pour retourner sur la rive opposée.

Convaincu qu'elle était morte et craignant d'être recherché, Garab avait-il fui sur son cheval pendant la nuit ou dès l'aube ? C'était possible.

Tandis qu'en envisageant cette hypothèse, Détchéma laissait ses regards errer distraitement sur la rivière, elle aperçut, perché sur une pointe de rocher, un objet bleuâtre que la brise faisait palpiter. On eût dit un oiseau, mais, par moments, un rayon de soleil filtrant à travers le feuillage et venant à toucher cette chose indéfinissable, il se formait, autour d'elle, une ceinture rutilante.

Intriguée, la jeune femme s'avança, gagna l'extrémité de la rive et, tout à coup, poussa un cri de désespoir. L'étrange objet était le chapeau de Garab orné d'un large galon bleu et or. Garab l'avait laissé tomber en sautant de son cheval après la chute de Détchéma. Emporté par le courant, les aspérités du rocher qui, à ce moment, baignait dans l'eau, l'avaient accroché et retenu à son passage.

Ignorant ce qui s'était passé, Détchéma vit dans ce chapeau singulièrement posé au milieu de la rivière un signe certain de la mort de Garab : le chef et son cheval s'étaient noyés.

Les superstitions ancestrales et les remords qu'elle avait éprouvés à Lhassa reprenaient une nouvelle force dans l'esprit tourmenté de la pauvre amoureuse. Le rêve auquel elle avait égoïstement sacrifié ses bons grands-parents s'était réalisé, mais sa faute venait d'être punie sur celui qu'elle aimait.

Au souvenir de cette faute ancienne, sa mémoire associait celui de faits plus récents.

C'était pour lui plaire que Garab avait entrepris le voyage de Lhassa ; s'il était retourné directement à son campement, il y serait, encore, un chef puissant et riche. C'était aussi parce qu'il avait été à Lhassa qu'il avait été amené à jouer une comédie impie devant le Dalaï-Lama. L'Omniscient ne pouvait en avoir été dupe. Il savait qui était le faux marchand qui se prosternait devant lui et d'où provenaient les dons qu'il lui offrait. Tandis que Garab s'imaginait obtenir, par ruse, une bénédiction protectrice, la punition de son imposture commençait, au loin ; ses troupeaux devenaient la proie de soldats chinois et, maintenant, il venait de périr misérablement.

Elle était doublement responsable de sa mort. Elle aurait dû insister pour que Garab fuît sans elle. Qui sait si le fait qu'une femme l'accompagnait n'avait pas éveillé les soupçons des deux soldats qui l'avaient aperçu ? Elle aurait dû supplier son ami de la laisser s'en aller déguisée en religieuse, comme Gorin l'avait conseillé. Oh ! pourquoi avait-elle refusé de se couper les cheveux ! Sans doute était-ce parce qu'elle s'était montrée si obstinée à ce sujet, si désolée de s'enlaidir, que Garab l'avait emmenée pour lui épargner ce sacrifice.

Sa chevelure !... Elle la détestait maintenant. L'homme de ses rêves, l'amant dont la seule approche faisait frémir sa chair, le chef hardi pour qui elle voulait être belle était mort. Elle ne voulait plus être belle ; elle couperait ces cheveux maudits. Aucun homme ne l'avait touchée avant Garab, aucun ne la toucherait jamais, puisqu'il n'était plus. Elle allait entrer dans un couvent.

En proie à une agitation fébrile, la raison troublée par le désespoir, Détchéma, tour à tour, pleurait, assise, la tête entre ses mains, marchait à grands pas, se frappant contre les arbres et contre les rochers ou tombait à genoux, se prosternant dans la boue.

Tout à coup, elle prit une résolution. Selon la mode tibétaine, Détchéma portait, dans un étui attaché à sa ceinture, son couvert de voyage composé de deux baguettes et d'un couteau long et étroit. Saisissant celui-ci, la pauvre femme se mit avec rage à se couper les cheveux. Ceux-ci étaient épais et un long usage avait émoussé la lame du couteau. Taillant furieusement, au hasard, Détchéma laissait les longues mèches noires tomber à ses pieds. En quelques minutes elle se fit une tête horrible, presque rasée à certains endroits et couverte, ailleurs, de touffes de cheveux de toutes les longueurs.

Lorsqu'elle eut terminé sa triste besogne, elle ramassa sa chevelure éparse sur le sol, la noua en gerbe puis, visant la roche sur laquelle le chapeau du bandit, éclaboussé par des jaillissements d'écume, semblait prendre une vague attitude de défi, elle la jeta en offrande vers lui.

— A toi, Garab, mon amour,... ma vie!

Le sacrifice était accompli. Un froid glacial s'infiltrait dans les veines de Détchéma. Son agitation s'apaisait, des larmes lentes coulaient le long de ses joues. Une dernière fois, elle regarda le pauvre chapeau mouillé et déformé. Une bise aigre se levait et le secouait avec une insistance méchante. Détchéma éleva ses mains jointes vers lui et, gravement, comme devant les statues des déités, dans les temples, fit, dans sa direction, les trois prosternations rituelles solennelles, puis elle s'éloigna à travers les bois où les ombres du soir commençaient à ramper.

Perché sur la pointe du rocher, le chapeau de Garab, battu par l'eau et le vent, s'obstinait à ne pas tomber.

Il faisait déjà nuit lorsque Détchéma frappa à la porte d'une ferme isolée. La femme qui lui ouvrit recula effrayée, croyant presque à une apparition démoniaque. Vêtue d'une robe boueuse, encore humide, défigurée par sa chevelure ravagée, celle qui se présentait ne ressemblait guère à la jolie fille dont l'amour avait ensorcelé Garab.

Mentant pour expliquer son apparence anormale, Détchéma raconta à la fermière qu'elle voyageait avec son père. Tous deux allaient en pèlerinage. Ne connaissant pas la région, ils avaient été surpris et cernés par l'inondation et le vieillard avait été emporté par le flot.

Cette histoire paraissait plausible. Les noyades au passage des rivières débordées ne sont pas rares au Tibet. Le désir d'éviter que le corps de son ami fût mutilé incitait Détchéma à dénaturer les faits. Si, pensait-elle, les soldats apprennent qu'un homme jeune, accompagnant une femme, a péri au passage du gué, ils l'identifieront comme le cavalier que deux des leurs ont poursuivi et qui a tué l'un d'eux, et, s'ils sont convaincus que le fugitif était Garab, ils se mettront à la recherche de son cadavre pour lui couper la tête. De leur côté, les riverains, poussés par la cupidité, ne manqueront pas, non plus, dès qu'ils auront connaissance du prix que vaut cette tête, de chercher à s'en saisir.

La pauvre désemparée n'avait pas pu imaginer une meilleure ruse.

Mais pourquoi les cheveux de la voyageuse étaient-ils taillés de cette manière ?

— J'ai fait un vœu pour que mon père obtienne une heureuse renaissance au Paradis Occidental de la Grande Béatitude (Noub Déwatchen), répondit Détchéma. Je me suis coupé les cheveux moi-même, en signe de ce vœu. Je vais devenir religieuse.

Tant de piété filiale émut la bonne fermière.

— Vous n'êtes pas mariée ? demanda-t-elle.

— Je suis veuve, déclara tristement Détchéma.

— Si jeune ! Quelle pitié ! Et votre père vient de se noyer ! Oui, vous faites bien de vous tourner vers la religion. Ce monde n'est que douleur, mais le Bouddha a montré un chemin qui conduit au-delà de toutes les souffrances...

Détchéma, ayant séché sa robe et mangé un bol de soupe, s'endormit, brisée par la fatigue.

Au lever du jour, elle quittait la ferme, munie de quelques provisions de route, se dirigeant vers un monastère de religieuses que son hôtesse lui avait indiqué la veille. Une journée de marche devait suffire pour y arriver.

Le même soir, elle répétait à la supérieure du monastère l'histoire qu'elle avait inventée concernant un pèlerinage supposé et la mort de son père et lui remettait, pour être vendus, les bijoux qu'elle avait gardés cachés sur elle. Elle désirait offrir à la communauté des religieuses une partie de la somme qu'on en obtiendrait. Le reste paierait les frais de l'entretien des lampes qu'elle ferait brûler sur les autels — pour le bonheur de son père dans un autre monde, dirait-elle, les dédiant, en pensée à Garab.

Le lendemain, la tête de Détchéma était correctement rasée et, huit jours plus tard, elle recevait l'ordination mineure des novices.

Chapitre VI

Un repaire de magiciens noirs. – Un mystique hindou à la recherche de l'immortalité. – Un laboratoire infernal. – L'effroyable élixir de vie. – Evasion de la forteresse des magiciens noirs et drame dans la forêt.

So sa ling est un monastère d'apparence modeste ; assis sur un éperon de montagne peu élevé au-dessus de la vallée, il n'a rien de l'arrogance ou du détachement altier qu'affectent beaucoup d'abbayes lamaïstes, haut perchées sur des cimes enveloppées de nuées. Les énormes vantaux de la porte monumentale percée dans son enceinte extérieure ont, jadis, été peints en couleurs vives où le rouge et le vert dominaient ; le soleil et les pluies de maintes années ont écaillé et terni les figures des êtres fantastiques qu'un artiste, depuis longtemps parti vers d'autres mondes, y avait représentés et le bois bruni et fendu apparaît, nu, à divers endroits. Cette vétusté, s'offrant candidement aux regards, contribue à donner à l'entrée du monastère un air accueillant et débonnaire.

L'impression de confiance qu'un voyageur étranger pouvait éprouver en approchant de So sa ling était, toutefois, sujette à s'affaiblir dès qu'il avait franchi la vieille porte délabrée. Il se trouvait, alors, dans une cour dont tout un côté était occupé par des bâtiments massifs construits en pierre gris sombre. En face de lui, se dressait une haute muraille, celle d'une seconde enceinte, percée par une porte unique, étroite et basse, placée à l'angle opposé de celui où s'élevaient les bâtiments. Lorsque cette porte s'ouvrait, un mur, placé à quelques pas derrière elle, empêchait de voir à l'intérieur de la seconde enceinte. Les constructions voisines de l'entrée étaient l'hôpital. Enclos dans la seconde, se trouvaient le temple et les logis des cénobites, mais, de ceux-ci, la majorité des malades traités à So sa ling ne voyait rien.

So sa ling signifie : « Endroit où l'on guérit. » De temps immémorial, des médecins avaient résidé là ; ces médecins appartenaient à l'ancienne religion du pays, une sorte de chamanisme mêlé, pour ses plus hauts adeptes, de philosophie et de magie, dont les fidèles se dénomment *Böns*.

On racontait que le fondateur de cette lignée de thérapeutes était un Chinois qui s'était établi dans ce lieu, il y avait plus de mille ans, mais cela appartenait au domaine de la légende, bien que certains prétendissent que le Mage chinois vivait toujours à So sa ling, invisible à tous, sauf à quelques disciples d'élite, doués, eux aussi, d'une longévité prodigieuse et qui demeuraient tout aussi invisibles au vulgaire que leur Maître.

Habiles guérisseurs, joignant à leurs connaissances médicales la science, plus secrète, des rites magiques, les docteurs de So sa ling jouissaient d'une haute réputation. De très loin, on leur amenait des malades dont nul n'avait pu alléger les souffrances et, la plupart de ceux-ci s'en retournaient guéris. Cependant, malgré les services qu'ils rendaient, l'amour et le respect que les cénobites inspiraient aux gens des alentours n'étaient pas sans mélange. Les rumeurs circulant à leur sujet contribuaient à y associer une forte part de crainte: crainte vague d'on ne savait quoi, qui ne reposait sur rien de précis. Ces *Böns* sachant, mieux que les lamas, subjuguer les démons qui causent les maladies[1] et leur arracher leurs proies, paraissaient un peu suspects aux populations bouddhistes de la région. Leur habileté était trop grande pour être purement humaine, un élément surnaturel devait y entrer. Pourtant, à l'encontre des sacristains de la plupart des monastères tibétains qui visent à émerveiller les visiteurs par la description de multiples prodiges qui s'opèrent dans leurs temples respectifs, les moines de So sa ling ne parlaient jamais de miracle. Mais leur réserve sur ce point ne faisait que contribuer à fortifier la croyance publique en leurs pouvoirs occultes et augmenter l'espèce d'effroi qu'ils inspiraient.

Au fond de la seconde enceinte, le temple qui servait en même temps de salle d'assemblée pour les religieux, occupait toute la largeur, d'ailleurs peu considérable, de l'éperon de la montagne. Il s'adossait à une très haute muraille perpendiculaire de roche lisse et, par-delà celle-ci, des aiguilles étroitement serrées et enchevêtrées grimpaient jusqu'aux crêtes dentelées de la montagne. Nulle voie d'accès n'existait permettant d'atteindre le sommet à travers ces aiguilles. Cependant, d'entre celles-ci, l'on voyait, parfois, émerger de faibles lueurs. Nul doute que ces retraites inaccessibles fussent celles de génies ou de déités et, pensaient les bonnes gens des villages, les médecins de So sa ling devaient en savoir long à leur sujet.

C'était à ce monastère singulier que Migmar, aidé par son neveu Anag, avait transporté Garab.

1. D'après la croyance populaire tibétaine, toutes les maladies sont causées par des mauvais esprits, de malfaisants démons ou des génies que l'on a irrités.

Tout le long du chemin, Garab était demeuré plongé dans le coma, ne se réveillant que pour délirer, et complètement inconscient de son entourage. Cet état persista encore pendant les premières semaines de son installation dans une chambrette de l'hôpital, puis, un matin, il se réveilla à peu près lucide regardant, avec étonnement, Anag qui se trouvait près de lui.

Prévenant les questions qui allaient lui être posées, celui-ci, obéissant aux instructions de Migmar, dit rapidement :

— Vous avez été blessé ; mon oncle qui est médecin vous a soigné ; moi, je m'appelle Anag. Vous êtes dans une *gompa* (monastère).

Puis, il se hâta de quitter la chambre, son oncle lui ayant commandé de ne rien apprendre de plus au malade.

Garab se rétablissait lentement ; bientôt, il se trouva à l'étroit dans sa chambrette et dans la cour qui s'étendait devant elle. Il annonça à Migmar qu'il désirait se promener au-dehors, afin, disait-il, de se réaccoutumer à la marche, car le jour où il quitterait le monastère approchait étant, grâce aux bons soins qu'il avait reçus, complètement guéri.

Migmar souriait en l'écoutant.

— Ne vous illusionnez pas sur vos forces, mon ami, dit-il, elles sont loin d'être revenues. Vous ne devez pas sortir du monastère. La règle est formelle à cet égard ; nos malades n'en franchissent la porte qu'entièrement guéris. S'ils le quittaient sans en avoir reçu la permission du médecin qui les soigne, il ne leur serait plus permis d'y revenir. Attendez. Qu'est-ce qui vous presse ?

Ce qui incitait Garab à sortir de l'hôpital que les paroles de Migmar venaient de lui montrer comme une prison, c'était le souvenir de Détchéma. Elle s'était noyée ; il y avait peu de doutes à concevoir à cet égard. Il revoyait ses petites mains tournoyant parmi les remous du torrent et disparaissant dans la nuit. Même si la balle du soldat ne l'avait pas atteint à ce moment, aurait-il pu la sauver? Raisonnant plus calmement qu'il ne l'avait fait au moment du funeste accident, il en doutait. Cependant, des miracles inattendus se produisent. Il devait consulter un « voyant ». D'après ce qu'il déduisait des conversations qu'il avait eues avec Anag, à l'insu de Migmar, Garab inclinait à croire qu'il s'en trouvait parmi les moines de So sa ling.

Anag s'était pris d'amitié pour le chef de bandits. Il ignorait sa profession, mais il soupçonnait le blessé d'être un hardi coureur d'aventures et, dans le fond de son cœur, il l'admirait et l'enviait.

Le neveu de Migmar ne se plaisait guère à So sa ling. Son oncle était maussade et autoritaire, il le tenait étroitement en tutelle et Anag, jeune et vigoureux, souffrait des multiples restrictions qu'il imposait à sa liberté. Il lui était rarement permis d'aller jusqu'aux villages voisins et, lorsqu'il s'y rendait, c'était pour accompagner des moines qui y avaient affaire, portait les sacs de vivres qu'ils avaient remplis, s'il s'agissait d'une quête, ou les instruments rituels et les préparations médicinales, lorsque l'un des docteurs visitait un malade. Anag s'ingéniait à profiter de ces occasions pour échapper, pendant quelques instants, à la surveillance qui lui pesait, et aller boire un bol d'alcool ou de bière, en bavardant avec des villageois.

Ce jour-là, il se trouvait assis, près du foyer, dans la cuisine d'une ferme. Les fils de la maison le questionnaient :

— Tu es nouveau venu chez les Böns?

— Oui.

— Qu'est-ce que tu y fais?

— Je suis le neveu du docteur Migmar, il m'a pris auprès de lui pour m'enseigner la médecine.

— Ah! tu seras de ceux qui restent à l'hôpital. As-tu vu les autres, ceux qui chantent les offices dans le temple? As-tu vu le supérieur?

— Non, je ne suis pas encore admis aux assemblées, je ne suis qu'un novice.

— As-tu entendu dire que leur dieu apparaît certains jours derrière l'autel?

— Non.

— Peut-être n'est-ce pas vrai. Un garçon d'ici a raconté des histoires à ce sujet. Il allait souvent au monastère. Ses parents cultivaient des terres qui appartiennent aux Böns et il leur portait du grain et d'autres choses.

« Nous ne savons pas ce qu'il a entendu ou ce qu'il a vu, mais mal lui en a pris d'avoir été curieux. Ces gens de So sa ling sont bienfaisants, mais il vaut mieux s'en tenir à distance.

« C'était le jour de la fête annuelle où le temple est ouvert à tous. Ceux d'ici et des environs, qui sont Böns, vénéraient leurs dieux à So sa ling et le jeune homme dont la famille est de cette religion y était allé avec les siens. Mais, lui, n'était pas très porté vers la religion; il aimait mieux boire.

« Longtemps après que la nuit fut tombée, il vint voir un de ses amis. Il était fort excité et un peu ivre. Il lui dit: "J'ai découvert quelque chose de curieux chez mes patrons de So sa ling.

"Le vieux supérieur m'a plusieurs fois battu sans que je l'aie mérité; c'est un vilain bonhomme; je voulais lui jouer un tour. Pour cela, tandis que beaucoup de gens circulaient devant l'autel, j'ai pu me cacher entre les drapeaux et les bannières qui sont devant la porte de l'endroit obscur, secret, entre l'autel et le grand rocher, et, quand le supérieur est entré pour propitier le dieu, je me suis faufilé derrière lui. Je voulais, sans qu'il s'en aperçût, déranger quelque chose dans l'ordre des offrandes et m'échapper. Alors, quand il aurait eu dit les paroles qui font venir le dieu et que celui-ci serait arrivé, il aurait vu que tout n'était pas disposé suivant les règles prescrites dans le cercle magique ; il aurait été très en colère en aurait battu le vilain supérieur, plus fort que ce méchant homme ne m'avait jamais battu.

"Mais voici que le Grand Bön se tient devant le cercle d'offrandes sans me laisser la possibilité d'y toucher et puis, il s'en va, referme la porte et me laisse prisonnier.

"Le dieu allait-il venir? J'étais heureux de n'avoir pas touché aux offrandes. Peut-être ne me ferait-il pas de mal. Mais j'aurais bien voulu sortir. J'ai passé là un horrible moment... Donnez-moi à boire."

« Il avait déjà beaucoup bu, mais il avala encore plusieurs bols d'alcool et il continua:

"Je suis sorti, puisque vous me voyez, mais point par où j'étais entré. Oh! cela a été dur. Je vous dirai... Je vous dirai Cela demain."

« Sa langue devenait pâteuse, il était près de s'endormir.

« Il retourna, cependant, chez lui. Mais le lendemain, comme il se rendait à un village des environs, son cheval s'emporta sans doute et le garçon dut tomber; on trouva son cadavre étendu sur les galets, dans le lit d'un ruisseau à sec; il avait le crâne fendu.

« Hé ! c'est bizarre, n'est-ce pas ? Ce malheureux était fou. On ne doit pas faire le malin avec les dieux... ni avec les Böns de So sa ling. Tu m'as l'air d'un bon petit camarade, tu es jeune. Méfie-toi ! »

Quelques jours plus tard, Anag, se trouvant seul avec Garab, lui rapporta cette conversation. Garab partagea l'opinion du paysan. On ne devait pas plaisanter avec les dieux, ni sans doute avec ceux qui les approchent. Et, faisant un retour sur lui-même, il en vint, comme l'avait fait Détchéma, à penser à la comédie qu'il avait jouée à Lhassa, auprès de « l'Omniscient ». Les malheurs qui l'avaient frappé n'en étaient-ils pas le châtiment? La mort de Détchéma n'était-elle pas son œuvre?...

L'idée de consulter un « voyant » s'ancra dans son esprit. Ce supérieur de monastère qui évoquait un dieu devait posséder le moyen d'obtenir un oracle. Il voulait s'adresser à lui.

Garab confia son idée à Anag et le jeune homme lui conseilla de prendre l'avis de son oncle à ce sujet. « Pourtant, ajouta-t-il, réfléchissez-y bien. Ce supérieur me paraît être un personnage dangereux et, pour ma part, je désire ne jamais l'apercevoir. Je ne deviendrai pas moine ici, quoi qu'en pense mon oncle. »

— Où veux-tu aller?

— Tenez, quand vous quitterez So sa ling, je voudrais m'en aller avec vous.

Garab se mit à rire.

— Que ferais-tu avec moi? Garder mon bétail? Je n'en ai plus. On me l'a volé.

— Qui Cela? Des brigands?

— Hé! Pour moi, ils étaient des brigands.

— Vous ne m'avez jamais dit comment vous aviez été blessé?

— Tu ne m'as jamais dit où je suis, ici.

— Mon oncle me l'a défendu.

— Qu'importe.

Anag hésitait.

— Derrière la première chaîne de montagnes que l'on rencontre au sud, coule la grande rivière Giamo nou tchou (la Salouen).

« Puisque je vous ai répondu, vous me prendrez avec vous ?

— J'y penserai ; mais je dois, vraiment, consulter un « voyant ». Le supérieur ne m'effraie pas.

Migmar ne témoigna aucun empressement à présenter son ex-patient au supérieur. Garab s'était bien gardé de lui communiquer ce qu'il avait appris par Anag et les avis que celui-ci lui avait donnés. Il exprima simplement au médecin son désir de consulter un « voyant », s'il en existait un dans le monastère.

— J'examinerai la chose, répondit Migmar.

Quelques jours plus tard, Migmar revenait, informant Garab qu'il devrait quitter sa chambre de l'hôpital et logerait dans la seconde enceinte tandis que le supérieur s'occuperait d'obtenir, pour lui, un oracle du dieu protecteur de So sa ling. Cet arrangement ne plaisait guère à Garab, mais il ne voyait pas le moyen de s'y refuser à moins de renoncer à entendre la réponse de l'oracle.

Vers le soir, voyant Anag dans la cour, il l'appela et lui annonça ce qui était décidé.

— Oh ! je n'aime pas cela, dit le jeune garçon en apprenant cette nouvelle. Croyez-moi, ne vous mettez pas entre les mains du supérieur.

— Mais que peux-tu avoir contre lui, tu ne l'as jamais vu. Il ne faut pas le juger d'après les racontars des paysans.

— Non, peut-être pas. Pourtant, je crains pour vous. J'ai entendu mon oncle dire à un de ses collègues que vous êtes un sujet intéressant. Intéressant en quoi ? Intéressant pour qui et pour quoi faire ? L'idée que vous allez passer dans l'autre enceinte me donne de l'angoisse. Etes-vous, vraiment, tout à fait décidé ?

— Tout à fait.

— Bien, alors, je le suis aussi. Après-demain, je dois accompagner un des « Anciens » qui va toucher de l'argent. Il mettra les lingots dans les sacs de sa selle, et moi, j'aurai, dans les miens, le beurre, la viande séchée et tout ce qu'on lui donnera en plus comme cadeaux. En revenant, nous traverserons des bois, je laisserai l'Ancien marcher en tête, comme le respect le veut. Puis, tout à coup, je lui dirai : « Eh ! Révérend, votre cheval boite, qu'a-t-il à son pied gauche ? Une pierre s'est peut-être coincée dans son fer. Descendez, je vous prie, que j'y voie ; la bête pourrait se blesser sérieusement. »

« Je le connais, il me croira ; il descendra et, quand il aura mis pied à terre, gardant la bride de mon cheval autour de mon bras, je sauterai sur le sien. Et hop !... cours après moi.

— Tu veux lui voler son argent ?

— Vous avez compris.

— Et après ?

— Je verrai. Je ne suis pas bête.

— Et le dieu et le supérieur ?

— Je les crains pour vous, parce que vous êtes à leur portée. J'aurai vite fait de mettre une bonne distance entre eux et moi. Et puis, j'irai trouver un lama ; je lui dirai qu'un méchant Bön me veut du mal et il me donnera un charme qui me protégera.

— Oh ! la belle graine de brigand ! s'écria Garab en riant. Tu me rappelles ma jeunesse.

Il en avait trop dit. Anag le regardait, l'air interrogateur.

— Est-ce que vous ?... hasarda-t-il timidement.

— Eh bien ! oui, là. J'étais chef de bande et célèbre, je te l'assure. La balle que j'ai reçue, c'est un soldat qui me l'a envoyée.

— Chef de bande ! Oh ! Je pressentais bien que vous étiez un homme extraordinaire ! s'exclama Anag au comble de l'enthousiasme. Chef de bande !... Vous me prendrez parmi vos hommes quand vous referez campagne... Promettez-le-moi !

— Je ne battrai pas les grandes routes, mon petit. Il y a en moi trop de tristesse ; mon énergie est brisée. Celle que j'aimais de tout mon être est morte, c'est presque certain. Je veux le demander au « voyant ». Elle s'est noyée au moment où j'ai été blessé.

— Oh ! une femme ! répondit Anag avec une juvénile légèreté. C'est triste, sans doute, mais vous oublierez, chef ; il y en a d'autres.

— Tu es encore trop enfant pour comprendre, Anag. Pour moi, il n'y avait que celle-là.

— J'ai moins peur pour vous, maintenant que je sais qui vous êtes, ami Garab. Un chef de *djagspa* (brigands de haut vol) ne peut pas être dominé par un vieux Bön, ni par son dieu. Nous nous reverrons. Formez avec moi le vœu de nous revoir.

— De tout cœur, dit Garab.

Ils se prirent par la main et restèrent pendant quelques instants silencieux, profondément émus, concentrant leurs pensées sur le désir d'une nouvelle réunion. Puis Anag sortit de la chambre.

Garab avait franchi la porte étroite et basse de la seconde enceinte. Il voyait, dans celle-ci, des bâtiments en pierre grisâtre ressemblant à ceux de l'hôpital et, au fond de la cour, adossé au roc, un petit temple sans prétentions architecturales. Rien, dans ce décor banal, n'était propre à produire une impression de crainte ; il respirait, seulement, un pesant ennui, une sorte d'atonie dont Garab éprouva immédiatement l'influence déprimante. Une place lui fut assignée dans une cellule communiquant, par une ouverture sans porte, avec celle d'un vieux moine qui ne lui adressa pas la parole lorsqu'il entra.

L'ancien chef de bande, habitué à galoper à travers les vastes solitudes, se sentait mal à l'aise, plus mal à l'aise qu'à l'hôpital. Il reprenait chaque jour davantage de force et commençait à éprouver un impérieux besoin d'exercice et de grand air. « Je ne resterai pas longtemps ici », pensa-t-il en se couchant, le soir, sans que son vieux voisin lui ait dit un seul mot.

Le lendemain, le surlendemain, puis la semaine suivante et celles qui suivirent s'écoulèrent dans le même silence, la même inactivité. Un moine apportait régulièrement trois repas chaque jour à Garab, sans jamais lui dire un mot. Garab tenta de l'interroger, mais, pour toute réponse, il n'obtint qu'un sourire et le moine, posant sa main sur ses lèvres, lui indiqua que le mutisme lui était ordonné. Garab se retourna vers son compagnon et lui posa quelques questions ; celui-ci ne fit même pas mine de l'avoir entendu. Quant au docteur Migmar, il restait invisible.

Garab essaya de se promener dans la cour, d'entrer dans le temple lorsqu'il voyait les cénobites s'y rendre pour réciter les offices. Par gestes, on lui fit comprendre qu'il eût à demeurer dans sa chambrette.

L'ancien chef se sentait redevenir malade ; ses forces diminuaient de nouveau, il éprouvait d'étranges malaises. Enfin, un jour, Migmar reparut.

— J'ai été absent, dit-il simplement.

Mais Garab ne le crut pas.

— Vous verrez le supérieur demain, ajouta-t-il. Et il se retira.

Enfin! pensa Garab, je vais savoir si, par miracle, Détchéma a échappé à la mort et s'il vaut encore, pour moi, la peine de vivre.

On arrivait à l'appartement du supérieur par une série de corridors tortueux et obscurs. La chambre où Garab fut introduit était, elle-même, dépourvue de fenêtres et éclairée seulement par les petites lampes au beurre disposées sur étroit autel. Le supérieur se tenait assis, les jambes croisées, sur un divan.

Garab fit les prosternations d'usage, puis regarda anxieusement l'homme dont il attendait une réponse qui déciderait du reste de sa vie.

Il vit un visage extraordinaire, parfaitement placide comme celui d'une statue. Nulle ride n'en plissait la peau jaunâtre et, pourtant, il donnait l'impression d'une ancienneté dépassant toute estimation ordinaire quant à l'âge de l'individu possédant cette physionomie déconcertante.

— Vous pouvez vous asseoir, dit le supérieur à Garab en désignant du regard un carré de tapis posé à même le plancher de la chambre.

Sa voix était aussi étrange que sa figure : une voix sans timbre, sans inflexions ; on l'eût dite émise par unc mécaniquc plutôt que par un être vivant.

Garab se sentait mal à l'aise. Il n'avait pas prévu *cela*.

— Le docteur Migmar vous a trouvé inanimé, blessé, il vous a soigné. Vous ne lui avez jamais confié, ni comment vous avez reçu cette blessure, ni qui vous êtes. Aujourd'hui, vous sollicitez un oracle. J'ai le droit de connaître votre identité et tout ce qui vous concerne. N'essayez pas de mentir. Je possède des moyens de savoir la vérité. Du reste, votre conduite passée, les actions bonnes ou mauvaises dont vous avez été l'auteur ne m'intéressent pas en elles-mêmes. Bien et Mal sont de vaines distinctions à l'usage des esprits myopes. Il y a longtemps que je ne m'y attarde plus. Ce que j'ai voulu étudier, c'était la qualité de votre substance physique et psychique. Je l'ai fait depuis le jour où le docteur Migmar vous a amené à So sa ling. Il n'était pas nécessaire que je vous visse pour cela. Chaque être, chaque chose, répand des émanations qui modifient la nature du milieu dans lequel il vient à être incorporé. Un grain de sel tombant dans un bol d'eau douce lui communique une saveur salée et il est inutile d'avoir *vu* le grain de sel pour *savoir*, en la goûtant, qu'à l'eau, primitivement douce, du sel s'est mêlé. Ne cherchez pas à me comprendre, il s'agit là d'une science dont les données les plus élémentaires sont très au-dessus de votre capacité intellectuelle.

Comme le supérieur finissait de parler, Garab, stupéfait, vit s'allumer d'eux-mêmes des petits bâtons d'encens rangés sur l'autel. Une odeur singulière ne ressemblant en rien à celle des bâtons odoriférants du Tibet, se répandit dans la petite chambre. L'ancien chef de bandits se sentit pris de vertige. Le supérieur demeurait silencieux, immobile, les yeux fixés sur lui.

— Votre Révérence, balbutia Garab, je suis un criminel. Ma vie s'est passée à battre le pays comme chef d'une bande de brigands...

— C'est assez, interrompit le Bön, je sais tout cela. Peu m'importe !

« Il est inutile de me poser des questions, l'oracle est rendu.

« Ecoutez !

L'étrange odeur devint plus forte, Garab la sentit pénétrer, suffocante, dans ses poumons. Les yeux fixes, sans expression, du supérieur était devenus deux minces traits de lumière froide qui s'attachaient à l'ex-bandit et le déchiraient comme eussent pu le faire des lames d'acier.

— Ecoutez ! répéta la voix glaciale. Tout est mort de ce qui a été votre vie !

— Détchéma ! cria Garab.

— Tout est mort, redit le supérieur.

Garab ne sut jamais comment il était sorti de la chambre du Maître Bön. Il se rappelait, vaguement, une sensation pareille à celle que l'on éprouve en recevant un coup sur la tête. Il avait dû perdre connaissance. Il était loin d'avoir recouvré sa vigueur.

Quand il revint à lui, il était seul, et la cellule où il se trouvait n'était pas celle qu'il avait habitée jusque-là.

— Notre supérieur m'a informé que l'oracle vous a profondément ému, dit Migmar à Garab lorsqu'il vint le voir, le lendemain. C'est fâcheux car, dans votre état de santé encore un peu précaire, les émotions ne valent rien. Mais vous allez promptement vous reprendre.

« La vie, dans notre monde, est un tissu de pénibles vicissitudes. Il est sage de s'en préparer une plus heureuse, dans un meilleur monde, ajouta-t-il sentencieusement.

Jamais Migmar n'avait tenu de propos religieux à Garab. Celui-ci fut étonné.

— Vous avez raison, répondit-il. Nos lamas disent la même chose.

— Entre les Böns et les lamas, il n'y a pas de différence dans les doctrines profondes. Les différences n'existent que dans la religion populaire, à l'usage du vulgaire.

— Je ne savais pas cela. Je ne suis guère instruit en ce qui concerne la religion.

— Je le comprends ; la majorité des gens sont comme vous. Mais vous pourriez apprendre.

— Ah ! oui, sans doute... je pourrais..., répondit vaguement Garab.

Et la conversation en resta là.

Pendant les jours qui suivirent, Garab devait faire une rencontre qui allait l'entraîner dans une suite d'aventures inattendues.

Il lui était, maintenant, permis de se promener dans la cour du monastère et de parler aux moines qu'il y rencontrait. Plongé en ses douloureuses réflexions et se demandant ce qu'il ferait le jour, qui ne pouvait être lointain, où il quitterait So sa ling, Garab n'abusait guère de cette dernière permission. La plupart du temps, il se contentait d'arpenter la cour ou de s'y asseoir en silence.

Un après-midi, tandis qu'il marchait, ainsi, entre les habitations monastiques bordant la vaste cour, il aperçut, à l'entrée de l'une de celles-ci, un homme dont l'aspect particulier le frappa. Il était vêtu comme les autres moines, mais sa figure, sans qu'aucun doute fût possible, dénotait une origine hindoue.

La curiosité, une certaine sympathie née des liens de race qu'il savait avoir avec l'étranger, amena Garab vers lui.

— J'ignorais qu'un étranger vécût ici, dit-il en l'abordant. Moi-même, je ne suis pas du pays.

— Cela se voit un peu, répondit l'Hindou en souriant.

— Je m'appelle Garab, continua l'ex-chef. J'ai été malade et l'on m'a soigné ici.

— Mon nom est Ram Prasad, dit l'étranger.

Mais il omit d'ajouter la raison qui l'avait amené à So sa ling.

Garab demeurait silencieux, ne sachant que dire.

— Entrez, si vous le souhaitez, lui dit poliment Ram Prasad, devinant peut-être le désir de son interlocuteur.

Des entretiens journaliers succédèrent à la première conversation que les deux hommes eurent ensemble et une amitié fraternelle naquit de ceux-ci. Les confidences de Ram ouvraient à Garab, étonné, un monde d'idées dont il ne soupçonnait pas l'existence et Ram souriait, intéressé, en écoutant Garab décrire la vie aventureuse des pillards à l'affût des caravanes. Garab confia aussi à son nouvel ami le cauchemar qu'il avait vécu au Khang Tisé et les descriptions qu'il lui en donna retinrent l'attention de l'Hindou.

— Vous avez approché, là, d'un grand mystère, dit-il. Les hommes vulgaires parlent de vie, de mort, de renaissance, sans savoir ce qu'ils disent. La vie ne s'explique que par la mort et la mort que par la vie. L'une et l'autre sont les faces, apparemment différentes, pour le profane, d'une même réalité. C'est cette réalité qu'il faut saisir.

« Il y a vingt ans que j'interroge les Maîtres de mon pays. J'ai pratiqué bien des sortes de magie, même celles qui sont terribles et mènent au bord du gouffre des dissolutions ultimes, mais je n'ai encore rencontré personne qui se soit précipité dans ce gouffre et en ait émergé triomphant, transformé, conscient, passé par-delà la vie et la mort.

« Je vous tiens pour mon frère de race. Le sang des Aryas est en vous et votre père, même s'il s'est servi pour le mal de la science qu'il possédait, était un initié. Pour vous préserver des dangers que vous pourriez courir, faute de les connaître, je veux vous confier ce que j'ai découvert. Le commun des moines qui vivent ici, pratiquant ou étudiant la médecine, n'en a aucune idée.

« Le supérieur est un sorcier qui aspire à devenir un véritable magicien, mais il est loin d'y être parvenu et la voie qu'il suit n'est pas celle qui conduit à l'acquisition des vrais pouvoirs. Il a essayé de pénétrer mes pensées et mes desseins, mais j'ai surpris son intention ; je suis expert en l'art de couvrir mon esprit d'un voile impénétrable : il n'a pas pu le soulever.

« Pourtant, un mystère existe à So sa ling. Je l'ai pressenti de loin ; j'ai été attiré vers lui. A tout prix, je veux le découvrir. C'est pourquoi je suis venu, ici, me donnant pour un docteur désireux d'étudier la science médicale des Böns, mais ceux-ci ne sont dupes qu'à demi de mon stratagème. Je dois être continuellement sur mes gardes, car ils sont habiles en l'art de manier certaines forces occultes et capables de châtier durement celui qui tente de les jouer.

« Le supérieur et quelques autres cherchent le secret de l'immortalité. L'homme que vous avez vu a vécu plusieurs siècles, mais bien qu'il ait prolongé sa vie très au-delà du terme ordinaire, il n'est pas immortel.

« Par quel moyen croient-ils parvenir à se libérer de la mort ? Ils en ont un, j'en suis certain. C'est là le grand secret qu'ils abritent sous les dehors de ce monastère-hôpital et collège de médecine. Ce moyen, il faut que je le connaisse. Mais quel qu'il soit, employé par ces Böns, il restera inefficace. Ces moines ne vaincront pas la mort, parce qu'ils *croient* à la mort.

« La mort, il faut s'y plonger, la regarder faire son œuvre de destruction et la nier. Chaque atome de matière qu'elle détruit, il faut le transformer en énergie mille fois et cent mille fois plus vivante que la substance qui disparaît. La vie est une force subtile. Les formes grossières que nous appelons des êtres et des choses ne sont que des apparences illusoires imaginées par des aveugles qui ne perçoivent de la réalité que des ombres déformées.

« Vois-tu, ami, je veux apprendre ce qu'ils peuvent savoir à So sa ling, comme j'ai appris, ailleurs, ce que d'autres savaient. Peut-être pourrais-je tirer de leur méthode de meilleurs résultats qu'ils ne le font eux-mêmes.

« Je les soupçonne de pratiquer, d'une manière différente de la sienne, l'art maudit dans lequel ton père était passé maître, et de vouloir nourrir et accroître leur vitalité en soutirant celle des autres. Le supérieur a tenté de le faire à mes dépends ; je l'ai senti et j'ai réagi. Prends garde toi-même. Ne t'attarde pas ici.

« La voie qui mène à l'immortalité, je te l'ai dit, est tout autre. Il faut dissoudre entièrement le périssable, l'annihiler, pour en dégager l'indestructible énergie et, cela, je doute qu'aucun de ces sorciers ose le tenter.

Garab écoutait, interdit, ces propos auxquels il ne comprenait rien, mais à la sympathie instinctive qu'il avait tout d'abord éprouvée pour l'Hindou, il en venait à joindre une immense admiration. Tous les Tibétains ont le culte du savoir et des sages, et cet étranger qui discourait longuement sur des mystères profonds paraissait à son fruste auditeur semblable à ces Maîtres, doctes en sciences secrètes, que l'on vénère au Tibet.

Le temps passait, sournoisement, comme il le fait

pour tous ceux dont l'existence uniforme ne compte pas de jours marqués par des événements particulièrement saillants. Ram Prasad lisait des livres de médecine et interrogeait les docteurs de l'hôpital. Garab avait, de son côté, sollicité la permission d'apprendre les rudiments de l'art médical, voyant, là, un moyen de justifier la prolongation de son séjour à So sa ling. Le désir qu'il avait éprouvé de s'éloigner de cet endroit suspect subsistait, mais la présence de Ram l'y retenait.

Perspicace et solidement raisonnable, l'ancien bandit ne se laissait pas égarer par l'admiration qu'il avait conçue pour l'Hindou. Il admettait que celui-ci lui était infiniment supérieur comme intelligence et comme savoir, mais il doutait de sa prudence. Il flairait un danger s'approchant insidieusement de son ami, l'encerclant chaque jour davantage. Lorsqu'il lui avait fait part de ses craintes, Ram avait répondu qu'il se gardait et saurait se défendre. Garab s'était tu pour ne point offenser l'Hindou en paraissant douter de ses pouvoirs occultes, mais, à part lui, il s'était promis de veiller sur l'imprudent, estimant qu'en certaines occasions, l'aide de bras robustes peut seconder efficacement la puissance d'un magicien.

Pour cette raison, Garab s'était résigné à devenir aide médical à So sa ling, et Migmar lui avait transmis l'approbation que le supérieur donnait à sa décision.

Une année s'écoula, puis dix-huit mois. Inopinément, le supérieur fit mander Garab.

Celui-ci se retrouva en face de l'homme impassible dans la chambrette à demi obscure, parmi les effluves de l'étrange parfum.

— Votre conduite a été digne de louange, prononça la voix sans timbre qui avait, autrefois, rendu l'oracle désespérant confirmant la mort de Détchéma.

« En vous vouant au service d'autrui, vous préparez votre purification définitive et vous éviterez que les conséquences funestes de vos crimes passés ne rendent misérable votre vie future.

« J'ai décidé de pratiquer, pour votre bien spirituel, le rite par lequel vous serez débarrassé des souillures qui restent attachées à vous.

Le supérieur frappa dans ses mains. Un moine entra, tenant en main un coq, les pattes liées ensemble et un plateau de cuivre.

Le Bön descendit, alors, de son haut divan, ordonna à Garab de se tenir debout au milieu de la chambre et, prenant d'une main les pattes du coq et de l'autre le plateau, il commença à le « balayer » lentement de haut en bas, se servant de l'oiseau ainsi que d'un plumeau ou d'une brosse et tenant le plateau, sous le coq, comme pour y recueillir une invisible poussière.

Pendant cette cérémonie, le supérieur et son acolyte, alternant, psalmodiaient sur un ton funèbre, en une langue que Garab ne comprenait pas.

Après un long moment, le supérieur laissa tomber le coq sur le plancher. La bête poussa un cri et se débattit, remuant les ailes.

— Déliez-lui les pattes, commanda le Grand Bön.

Son assistant obéit. La bête se redressa et chercha à fuir. Le moine paraissait alarmé et regardait son chef ; celui-ci fixait sur Garab son regard glacial. Il y eut un long temps de silence.

— J'ai voulu cette épreuve, dit enfin le supérieur. J'en pressentais le résultat. Sachez, mon fils, que par l'effet de ce rite, les souillures attachées à un individu passent dans le coq et que celui-ci tombe mort. S'il ne meurt pas, c'est qu'il n'a pas absorbé de souillures. Et s'il n'en a pas pu absorber, c'est que la *vie* elle-même de l'individu les a emportées avec elle en abandonnant le corps qui peut encore subsister quelque temps, mais comme une coque vide[1].

« Votre vie est consumée. Votre présente activité n'est que la continuation d'une impulsion qui a été donnée autrefois. Il en est d'elle comme de la roue du potier qui continue encore à tourner pendant quelques instants après que le pied du potier a cessé de lui communiquer du mouvement.

« A quoi bon, dès lors, vous obstiner à continuer la vie de fantôme, vide d'âme, qui est la vôtre ? Par une résolution généreuse, faites-en, plutôt, un sacrifice utile à autrui ; vous acquerrez ainsi un trésor de mérites, qu'il vous sera possible de partager avec ceux que vous avez aimés.

« Venez ! »

Il fit un signe, le moine ouvrit une petite porte dissimulée sous une draperie ; le supérieur sortit et Garab le suivit.

La porte donnait dans une courette que le soleil éclairait à ce moment.

1. Les Tibétains croient que le *namchés* (la « conscience ») c'est-à-dire l'individu lui-même, se sépare, parfois, du corps avant le moment de la mort apparente. Dès que ce *namchés* a quitté le corps, l'homme est, en réalité, *mort*, bien que son corps puisse encore continuer, pendant un temps plus ou moins long, à accomplir tous les actes physiques et mentaux habituels aux vivants. Lorsque survient la mort *apparente*, certains signes sont dits dénoter que le défunt était dénué de *namchés*. Populairement, l'on entend des lamas de village dire d'un mort dont ils président les funérailles, qu'il était « déjà mort depuis deux ou trois ans ». Il arrive, aussi, que des médecins se récusent, jugeant leurs soins inutiles, parce que le malade qui les consulte est *déjà mort* depuis quelques mois ou quelques années. Les ésotéristes tibétains professent des théories dont ces croyances populaires sont la caricature.

— Elevez votre bras droit, de sorte que la ligne de votre poignet, lorsque vous présentez la main par le travers, arrive au niveau de vos sourcils, dit le Grand Bön. Regardez attentivement l'attache de votre main avec votre bras, vous verrez que cette jonction s'amenuise, qu'elle devient filiforme et puis qu'elle se scinde ; une solution de continuité se produisant entre la main et le bras. Ceci est le signe certain que la *vie* de l'individu est consumée, qu'elle a quitté le corps qui peut subsister encore, mais pour peu de temps.

« Regardez votre poignet ! »

Garab obéit. Avec terreur, il vit la ligne de son poignet s'amincir, devenir filiforme, perdre l'aspect de corps solide, se transformer en une nébulosité transparente, mais la ligne, si ténue qu'elle se fît, ne se brisait pas ; elle demeurait continue.

— Ma main est toujours jointe à mon bras, balbutia-t-il.

— Regardez mieux.

Les rayons aigus partant des yeux immobiles du supérieur s'attachèrent à lui, il en sentit la piqûre douloureuse.

— Regardez mieux !

— Ma main ne se sépare pas ! Elle tient... Elle tient toujours ! hurla Garab. Je suis vivant !... bien vivant !

— L'attachement de ce fantôme que vous prenez pour vous-même à sa coque vide cause votre illusion. Retournez dans votre chambre, n'en sortez plus ; refaites l'expérience encore et encore.

« Quand vous aurez reconnu la vérité, si vous vous décidez sagement à abandonner les quelques jours d'existence auxquels ce corps *qui n'est pas vous*, peut seul prétendre, faites-le-moi savoir ; je vous reverrai.

« Allez ! »

« Enfermez-vous dans votre chambre », avait dit le Grand Bön à Garab, mais celui-ci réagissant, avec toute sa robuste virilité, contre les idées de mort que l'on voulait lui imposer, courut à la chambre de son ami. Celle-ci était vide.

L'idée qu'une machination diabolique était ourdie contre Ram et contre lui surgit immédiatement dans l'esprit de Garab. On tenait à l'empêcher de communiquer à son ami ce qui s'était passé entre le supérieur et lui. On voulait qu'il s'enfermât dans sa chambre et Ram avait été éloigné.

Dans quel dessein ? Il fallait que Ram fût averti, qu'il sût, s'il rentrait chez lui, que Garab l'appelait d'urgence. Peut-être était-il encore temps d'écarter le péril qui s'annonçait.

En hâte, avec un tison pris dans l'âtre, Garab dessina, légèrement, dans un recoin, autrefois désigné par Ram à cet effet, un carré et dans celui-ci un cercle. Ce faisant, il récitait une formule magique que son ami lui avait apprise. Carré et cercle constituaient des remparts magiques qui déroberaient, à la clairvoyance du supérieur, un signe secret signifiant : « Venez immédiatement ; danger. »

Ensuite, Garab sortit, affectant un calme parfait et, rencontrant un moine qui semblait flâner, par hasard, dans la cour, il lui dit :

— Je voulais avertir Ram Prasad que je demeurerai enfermé dans ma chambre, en méditation pendant quelques jours, mais je ne l'ai pas trouvé chez lui. Savez-vous où il est ?

— Je crois qu'il est absent, qu'il a accompagné un des docteurs… Je n'en suis pas certain, répondit évasivement le moine.

Ce qui, chez Garab, n'était encore qu'une idée

un peu vague, se transforma en certitude. Le danger pressenti était imminent. Mais sous quelle forme se présenterait-il ?

Les Böns avaient pu percer le dessein de l'Hindou, mais ils ne songeaient peut-être pas à attenter immédiatement à sa vie. Quant à lui, le supérieur avait tenté de le convaincre que la sienne était à peu près terminée et l'avait engagé à sacrifier les jours qui lui restaient. Les sacrifier, comment ? Il ne l'avait point dit, mais il ne l'avait pas fait assassiner, bien que la chose eût été possible.

Peut-être suggérait-on un sacrifice analogue à Ram Prasad, mais, probablement, lui non plus, ne serait pas assassiné ; les Böns devaient avoir des raisons de s'abstenir de ces crimes. Comme lui, Ram reviendrait à sa chambre, il y verrait le signe tracé dans un angle du mur, il se rendrait à l'appel qui lui était adressé et, alors, tous deux s'évaderaient ensemble de cet antre de sorciers.

Il fallait donc attendre le retour de Ram en affectant de suivre les instructions du supérieur. Garab s'enferma dans sa chambre où, comme aux premiers temps de son séjour dans la seconde enceinte, un moine lui apportait ses repas.

Sur ceux-ci, pensant à la fuite, l'ex-coureur d'aventures prélevait et cachait de quoi constituer une petite réserve de vivres.

Plusieurs jours se passèrent. L'inquiétude de Garab croissait, mais il n'osait pas sortir de sa cellule de crainte d'éveiller l'attention qu'il s'agissait, au contraire, d'endormir.

Aller à la chambre de Ram était inutile. Si celui-ci y était revenu, il aurait vu le signe et serait accouru. S'informer à son sujet ne pouvait servir à rien ; les moines devaient avoir reçu l'ordre de lui raconter une histoire mensongère.

Alors ?…

La nervosité causée par l'incertitude et la crainte ne permettait plus à Garab de dormir et le mettait au supplice tandis qu'il devait affecter l'attitude de la réflexion profonde. De temps en temps, il renouvelait l'épreuve que le supérieur lui avait enseignée : il considérait la ligne d'attache de sa main, la voyait se réduire, devenir ténue et diaphane, mais jamais la coupure ne s'effectuait. Alors, Garab, rassuré, s'emportait et proférait, intérieurement, à l'adresse du multicentenaire sorcier, toutes les nombreuses et crues malédictions que contenait son riche répertoire de bandit.

Ram Prasad ne revenait pas. Garab n'y tenait plus. Il sentait la mort rôder à travers le monastère. Il devait retrouver Prasad, le retrouver immédiatement, sinon, il serait trop tard.

Si Ram ne *revenait* pas, c'était qu'il n'était point *parti*. Cette conviction s'imposa à Garab. Son ami avait été caché, emprisonné quelque part dans le monastère même. Non point dans l'hôpital ouvert à tout venant ni, vraisemblablement, dans les bâtiments de la seconde enceinte où les novices avaient libre accès. Restait l'habitation du supérieur. Garab s'y trouvait tandis que Ram disparaissait. L'Hindou pouvait y avoir été amené ensuite, mais Garab rejetait cette hypothèse. Les pouvoirs occultes de Ram surpassaient ceux du supérieur, pensait-il ; celui-ci n'aurait pas été capable de le retenir contre sa volonté. Existait-il donc, dans le monastère, un sorcier plus puissant que le vieux Bön qu'il connaissait ? Ram parlait d'un mystère, un mystère qu'il voulait percer…

A ces subtilités, Garab n'entendait rien. Les propos de son ami et le but qu'il se proposait lui paraissaient trop au-dessus de sa compréhension pour qu'il fît le moindre effort afin d'en saisir le sens. Et, même, si l'admiration qu'il éprouvait pour le mystique Hindou le lui eût permis, il eût parfois douté que celui-ci jouît complètement de sa raison.

Où donc Ram pouvait-il être détenu?

Soudain, Garab se rappela l'histoire qu'Anag lui avait contée concernant un jeune rustaud qui, trop souvent battu par le supérieur, avait conçu l'idée baroque de se venger en le faisant battre, à son tour, par le dieu que les Böns vénéraient dans leur temple. Il s'était, paraît-il, faufilé, derrière l'autel, dans une chambre secrète où le supérieur célébrait le culte de ce dieu.

Cette chambre existait-elle réellement? C'était possible. Les lamas, aussi, placent en des chambres dont l'accès est interdit, ou en des armoires cadenassés, les offrandes au moyen desquelles ils propitient certaines déités.

Les sorciers Böns pratiquent les sacrifices sanglants. Ceux de So sa ling auraient-ils imaginé d'immoler Ram à leur dieu dans cet endroit secret? L'horreur causée par cette idée ne permettait pas à Garab de s'attarder à réfléchir davantage. Dès que les moines se seraient retirés pour la nuit, il se mettrait à la recherche de son ami.

La nuit venue, Garab imposa encore à son impatience l'épreuve d'une attente assez longue pour laisser aux hôtes du monastère le temps de s'endormir. Puis, ayant soigneusement empaqueté dans un chiffon le peu de vivres qu'il avait amassés, il plaça le paquet sous sa robe, noua fortement sa ceinture, et sortit, gagnant le temple en rampant pour éviter que sa haute forme ne produisît une ombre suspecte.

Les portes du temple étaient fermées la nuit, Garab le savait ; il se dirigea vers le côté droit du bâtiment. Là, entre celui-ci et le mur d'enceinte, existait un étroit couloir permettant à la lumière du jour de pénétrer à l'intérieur de l'édifice par quelques fenêtres peu élevées au-dessus du sol. Comme d'habitude, celles-ci étaient fermées par un lattis sur lequel du papier, servant de vitres, était collé. Ces sortes d'ouvrages sont peu solides, le cadre simplement retenu à la muraille par le papier collé sur eux et aisément déplacé. En quelques minutes, Garab fut à l'intérieur.

Se remémorant certains détails du récit d'Anag, il marcha vers le côté gauche de l'autel. La lampe perpétuelle, brûlant sur celui-ci, éclairait les drapeaux parmi lesquels le paysan disait s'être caché. En les écartant, Garab toucha une porte massive encastrée entre des piliers de pierre, fermée par des barres de fer et cadenassée à plusieurs endroits. Il ne fallait pas songer à la forcer.

La chambre secrète existait donc réellement. Il s'agissait d'y pénétrer. Garab considéra l'autel. A son sommet, touchant le plafond du temple, une faible lueur filtrait, à travers des boiseries ajourées. Le tabernacle dans lequel il voulait s'introduire se trouvait-il directement derrière l'autel ou bien un mur le clôturait-il ? La seconde hypothèse s'accordait mieux avec le souci de précaution que dénotait la porte que Garab venait d'entrevoir. Toutefois, l'on pouvait aussi imaginer que le respect et la crainte qu'inspiraient les déités dont les statues trônaient sur l'autel semblaient aux Böns un rempart suffisant contre de sacrilèges tentatives d'intrusion chez leur dieu tutélaire et qu'ils n'avaient pas fortifié davantage la clôture de son logis, de ce côté.

Garab, torturé par l'anxiété, se souciait peu des

dieux. Il grimpa sur l'autel, en escalada les gradins, posant impudemment ses pieds sur les trônes et même sur les genoux des statues et atteignit le faîte orné de sculptures représentant l'oiseau fantastique Garouda, les ailes déployées, entouré de dragons.

Entaillant l'extrémité d'une des ailes de Garouda avec le fort couteau qu'il portait attaché à sa ceinture, Garab réussit à la détacher des autres motifs ornementaux. Le gros oiseau n'étant plus retenu que d'un seul côté, il devenait aisé de le détacher. Après quelques efforts de Garab, un craquement sec s'entendit, la seconde aile s'était brisée. Déposant le Garouda mutilé sur l'autel, l'ami de Ram avança, alors, la tête par le trou béant qu'avait laissé le corps volumineux de l'oiseau et regarda. Aucun mur n'avait été construit derrière l'autel. Entre celui-ci et le roc de la montagne, la distance n'était guère plus grande que celle allant d'une extrémité à l'autre des deux bras étendus latéralement. Dans le réduit où son regard plongeait, Garab distinguait une petite lampe au beurre et quelques bols contenant des offrandes posés sur une table étroite. De Ram, on ne voyait aucune trace.

Garab hésitait à descendre dans le minuscule sanctuaire du dieu de So sa ling. Il avait fait fausse route. Le matin venu, les Böns constateraient l'effraction du temple, la sacrilège mutilation de l'autel et l'audacieuse curiosité du criminel. Devait-il chercher à fuir au plus vite pour sauver sa vie ? La prudence l'ordonnait ; mais il y avait Ram. Il ne pouvait pas l'abandonner.

Comme son regard parcourait encore une fois la chambrette, Garab remarqua, par terre, tout contre le roc, une masse sombre que la faible lumière émise par la petite lampe ne permettait pas de discerner nettement. On eût dit un tas d'étoffe, de vêtements, peut-être. Tout à coup, une pensée terrifiante vint à Garab. Pouvait-il se faire que Ram fût là, ligoté, bâillonné ? Ram... ou son cadavre ?

Sans plus réfléchir, Garab introduisit ses jambes dans l'espace laissé vide par l'oiseau sculpté et, s'accrochant des deux mains aux dragons qui l'avaient encadré, il réussit à faire passer tout son corps et se laissa glisser derrière l'autel.

Le tas d'étoffe qu'il bouleversa ne dissimulait aucune victime. Garab respira, soulagé, tout espoir de revoir Ram vivant n'était point perdu. Mais où le chercherait-il ?

Il demeurait perplexe, remuant machinalement, du bout du pied, les morceaux de tapis, de rideaux et de bannières entassés. Un choc douloureux l'arrêta. Ses orteils venaient de heurter quelque chose de dur.

Ecartant les chiffons pour voir ce dont il s'agissait, il découvrit un couvercle encastré dans le plancher et maintenu par une forte barre de fer qui empêchait qu'il puisse être soulevé par en dessous. Etait-ce une trappe, une sinistre cachette ? La crainte d'une découverte macabre assaillit, de nouveau, Garab. Il fit glisser la barre ; un trou apparut, assez profond pour qu'un homme puisse s'y tenir à peu près droit et, de ce trou, montaient des bouffées d'air frais. Vraisemblablement, il avait trouvé une issue conduisant au-dehors. Qu'existait-il par-delà ? D'autres logis ? Une partie secrète du monastère ? Etait-ce, là, ce mystère que Ram pressentait ?

Pour Garab, retourner en arrière était devenu impossible. De toute nécessité, il fallait qu'il eût quitté So sa ling avant le réveil des Böns. S'il n'avait pas retrouvé Ram, il alarmerait les villageois des alentours. Par Anag, il avait appris que ceux-ci soupçonnaient vaguement les Böns d'entretenir des relations ténébreuses avec les démons. Il n'aurait, sans doute, pas de peine à les enrôler pour la recherche de l'Hindou, mais il espérait encore que, lui-même, le retrouverait avant la fin de la nuit. La découverte de cette issue cachée lui avait rendu l'espoir. Peut-être était-ce de ce côté que Ram avait été emmené de gré ou de force.

Il prit en main la petite lampe placée sur la table aux offrandes, l'approcha du trou et constata que des marches étaient grossièrement entaillées dans le roc. Le trou donnait accès à un étroit tunnel qui traversait la haute muraille rocheuse à laquelle le temple était adossé.

Sans hésiter, Garab s'enfonça dans ce passage, emportant la lampe pour s'éclairer. Cette précaution se montra inutile, la distance à parcourir sous terre était médiocre. Au bout de quelques instants, le téméraire explorateur des mystères de So sa ling émergeait au bord d'une petite plate-forme naturelle enserrée entre les hautes aiguilles qui, vues de la vallée, paraissaient soudées les unes aux autres à leur base.

Des nuages errants interceptaient, par moments, la clarté venant des étoiles, mais une longue pratique des marches et des embuscades nocturnes avait donné à l'ex-chef de brigands des yeux de lynx. Il distingua facilement un sentier de chèvres serpentant à travers le chaos des aiguilles. Des marches permettaient de franchir les passages trop abrupts: quelques rochers, barrant le chemin, avaient été taillés ou percés. Pour autant que l'on pouvait en juger dans l'obscurité, la construction de ce sentier datait de longtemps. Aux endroits où il avait été entamé, le roc avait repris une teinte noirâtre, des plantes et des arbustes croissaient dans ses crevasses.

Le chemin s'élevait rapidement, et se tenait, constamment, vers le centre des aiguilles, de sorte que ceux qui le suivaient demeuraient parfaitement cachés.

Garab marcha longtemps, puis, comme il contournait une grosse roche, il aperçut encore loin, devant lui, une faible lueur rougeâtre qui paraissait sortir du sol. Arrivait-il au but ?

Continuant à suivre le sentier, Garab parvint sur le bord d'une profonde dépression, une sorte de petit plateau, encaissé de tous les côtés, sur lequel s'élevaient quelques petites maisons. La lueur qui lui avait paru monter du sol était produite par le rayonnement d'une grosse lanterne, placée sous un abri, formé d'un toit supporté par des piliers, qui occupait le centre du plateau.

Donc, en plus de leurs logis, dans le monastère, les Böns avaient là d'autres demeures : des *tshams khangs*[1], sans doute.

La plupart des monastères lamaïstes possèdent, aussi, en des lieux plus ou moins solitaires, des cabanes où se retirent ceux de leurs membres qui désirent vivre en anachorètes, mais ils ne s'ingénient pas à en dissimuler l'existence. La vie contemplative des ermites est noble et sainte, entre toutes ; il n'y a pas lieu de la dérober à la connaissance des laïques. Bien au contraire, elle constitue, pour eux, un exemple propre à les inciter à élever leurs pensées au-dessus des vulgaires intérêts matériels. Mais Garab hésitait à admettre qu'il pût exister de la sainteté parmi les Böns de So sa ling. Les habitants de ces huttes, si soigneusement cachées, devaient être des méchants s'adonnant à des pratiques mauvaises, ayant commerce avec des démons. Ram était-il prisonnier chez eux ?

1. Maisonnettes où les religieux s'isolent pour se livrer à la méditation.

Garab ne pouvait deviner combien de Böns demeuraient à cette place. Il était fort, mais seul. Devait-il courir les risques d'une lutte ? Serait-il possible d'user de ruse pour délivrer Ram, s'il se trouvait dans l'une ou l'autre des maisonnettes ?

Avant de rien tenter, il fallait reconnaître les lieux et savoir comment l'on pouvait quitter l'endroit sans passer par le chemin qui l'y avait conduit.

Laissant donc le sentier qui descendait au plateau, Garab s'engagea périlleusement sur une arête dominant celui-ci. Tout en avançant, il examinait, autant que l'obscurité le lui permettait, le versant opposé à celui qui regardait les habitations. Il consistait en une énorme muraille naturelle dont il ne pouvait estimer la hauteur réelle, mais qui paraissait descendre à une grande profondeur. Nulle voie permettant la fuite ne s'offrait dans une direction.

La crête que Garab avait suivie se termina brusquement, devant lui, par une cassure. Il était arrivé à un col étroit, traversé par un sentier venant du plateau encaissé et continuant en sens inverse. Le chef avança prudemment pour reconnaître un bout du chemin descendant vers les huttes. Il n'alla pas loin ; une porte encastrée dans les parois rocheuses de l'étroit défilé fermait le passage. Si Ram se trouvait détenu sur le plateau, il ne pouvait pas s'échapper de ce côté. Il fallait chercher une autre issue.

Bien que l'on fût à la fin de l'automne et que la nuit dût être longue, Garab s'énervait en songeant au temps qui s'était déjà écoulé depuis son départ de sa chambre. Jusqu'à présent, sa course nocturne n'avait servi qu'à attirer des dangers sur lui, sans avoir été, en rien, utile à Ram.

Il se sentait prêt à affronter les Böns du plateau, mais alors même qu'il les mettait hors d'état de le poursuivre, il ne pourrait pas retourner à So sa ling et il n'avait encore découvert aucun autre chemin. L'idée qu'il était entré dans un piège, dont il ne pourrait ni s'évader ni faire évader Ram, s'il le retrouvait, commençait à s'imposer péniblement à lui.

Garab retourna sur ses pas. De ce côté, le chemin tournait, montait et descendait, côtoyant le vide en suivant une crête sinueuse. Il aboutissait à un petit promontoire et, là, Garab vit, devant lui, un mur bas fermant l'ouverture d'une caverne[1]. Il ne l'avait aperçu que de tout près et était presque venu buter contre lui.

Qu'était ceci? Un autre ermitage? Etait-il habité?

Pris entre les Böns du plateau et ceux qui pourraient se trouver dans cette caverne, la situation de Garab était devenue plus périlleuse que jamais.

Mais Ram! Ram!... Ne le découvrirait-il pas?

Il restait immobile, désespéré, ne sachant plus qu'imaginer, lorsqu'il lui sembla entendre un gémissement. Immédiatement, il pensa à Ram. Son ami se trouvait-il enfermé là? Etait-il seul? Des gardiens le surveillaient-ils?

Garab s'approcha du mur, entendit de nouveau gémir, puis quelques mots articulés faiblement, lui parvinrent:

— Je ne puis plus!... A l'aide!... Sortez-moi d'ici!... Pitié!...

Il reconnut la voix de Ram; c'était lui qui souffrait derrière ce mur. A qui s'adressait-il? Garab

1. Les cavernes aménagées pour servir d'ermitages sont d'un usage courant au Tibet. L'auteur en a habité une pendant plusieurs années, sur une pente escarpée, à 3 900 mètres d'altitude.

tâta une porte épaisse fermée à l'extérieur par une barre de fer assujettie par des cadenas. Partout, il rencontrait les mêmes précautions et, ici, comme pour la trappe qu'il avait soulevée dans le temple, ce n'était pas contre ceux venant de So sa ling qu'elles étaient prises, mais contre ceux qui voudraient s'échapper du domaine secret de la montagne. La porte de la caverne était fortifiée contre des tentatives d'effraction faites de l'*intérieur*. Donc, la caverne était une prison et, puisque la porte en était cadenassée, Ram s'y trouvait seul, ou, s'il avait des compagnons, ceux-ci étaient, comme lui, des victimes des Böns.

Garab colla son visage contre le mur et appela à voix basse :

— Ram ! Ram ! C'est moi, Garab ; je viens te délivrer.

Il dut renouveler deux fois son appel, alors la réponse vint, faible, mais dénotant l'excitation causée par l'espoir.

— Garab ! Sauve-moi ! Sauve-moi !

Garab, affolé, se demandait comment il parviendrait à enfoncer la porte ou à pratiquer une ouverture dans l'épaisse muraille.

De nouveau, il entendit la voix de son ami ; elle paraissait plus assurée :

— Garab, tu ne peux pas entrer. Cache-toi. Le Grand Maître Bön va venir ; il vient toutes les nuits et reste jusqu'au jour. Il ouvrira la porte... Il vient seul... Cache-toi, cache-toi vite !

— Tu es sauvé, Ram, courage ! répondit Garab. Je me cache.

Jamais, au temps où il s'embusquait le long des pistes solitaires, guettant le passage des caravanes, l'attente n'avait semblé si longue au chef. Il se demandait s'il ne perdait pas un temps précieux, s'il n'aurait pas dû essayer de déplacer des pierres dans la muraille[1] ou de l'ébranler en creusant sous elle avec son gros coutelas. Le Grand Maître Bön viendrait-il cette nuit-là ? Peut-être n'existait-il que dans l'imagination du pauvre Hindou qui délirait.

Il allait se décider à agir lorsqu'il vit une lueur poindre et s'avancer sur le sentier par où il était venu. Elle disparaissait par moment, puis reparaissait, grandissant de plus en plus et l'on put bientôt distinguer qu'il s'agissait d'une lanterne tenue à la main. Véritablement, le Bön venait.

Garab se demandait ce qu'il devait faire. Il fallait laisser le Bön ouvrir la porte, l'empêcher de la refermer... Et puis... Ce qui suivrait dépendrait de Ram. Etait-il libre ou attaché ?

Il ne doutait pas d'être capable de terrasser le Bön et de le ligoter. Il ne manquait pas d'expérience à ce sujet. Il pourrait, ensuite, l'emprisonner dans la caverne, refermer la porte, emporter la clef du cadenas et fuir avec Ram. Mais, par où fuir ? Peut-être l'Hindou le saurait-il ?

Le Bön approchait. Eclairée de bas en haut, par la lanterne, une extraordinaire apparition surgissait des ténèbres.

Le Grand Maître était un homme de haute taille, si invraisemblablement maigre que sa longue robe brune semblait ne couvrir qu'un squelette. Son visage offrait quelque ressemblance avec celui du supérieur de So sa ling, mais en exagérait encore l'étrangeté. La peau lisse du supérieur, ses yeux au regard acéré étaient devenus, chez le Grand Maître, un masque mince, étiré comme une peau de gant sur les os de la face, les yeux demeuraient invisibles, deux rayons ardents marquant leur place sur le visage.

1. Les murs de ce genre se font en pierre sèche.

Garab était d'une bravoure peu commune, pourtant, il se sentait trembler.

Le terrifiant personnage posa sa lanterne par terre, retira une clef de dessous sa robe, détacha le cadenas, enleva la barre de fer et ouvrit la porte. Une asphyxiante odeur de pourriture s'échappa par celle-ci ; Garab, aux aguets, faillit crier d'épouvante.

Le Bön reprit sa lanterne et entra. Tous ses gestes étaient mesurés, dénués de hâte et souverainement calmes ; il psalmodiait à voix très basse une sorte de litanie monotone.

Retenant sa respiration, Garab s'avança jusque contre l'ouverture béante et regarda à l'intérieur de la caverne.

Avant de tenter aucun mouvement, il voulait savoir si Ram était libre ou attaché, s'il paraissait encore capable de lui prêter main-forte ou si, peut-être, les Böns l'avaient torturé et blessé.

Des yeux, il explora l'espace enclos sous la voûte de roc ; à part le sorcier, il ne vit personne.

Une construction en pierre, formant une grande table rectangulaire, occupait presque toute la caverne, ne laissant qu'un très étroit passage autour d'elle. Le dessus de cette table, entièrement en fer, était percé de plusieurs larges trous. Ce pouvait être un autel rustique dédié au génie de la montagne ou à quelque démon.

Le Bön se livrait à diverses gesticulations. Il avait laissé tomber sa robe et apparaissait nu : un squelette recouvert, comme l'était son visage, d'une peau mince, étirée sur les os. Sur une saillie du roc, il prit une petite cuillère de forme ronde et creuse, pourvue d'un long manche, puis, il plongea celle-ci dans l'un des trous ouverts dans le dessus de la table, paraissant puiser quelque chose. Il recommença ce manège plusieurs fois, répandant le contenu de la cuillère sur différentes parties de son corps et se frictionnant ensuite. Tandis qu'il se livrait à cette opération, il ne cessait pas de psalmodier en sourdine.

Mais où donc est Ram ? continuait à se demander Garab, étreint par l'angoisse et suffoqué par la puanteur qui s'échappait de la caverne.

Le Bön, tenant soigneusement la cuillère qu'il venait de plonger, de nouveau, dans l'un des trous, changea de place. Tournant autour de la table et s'arrêtant près de l'un de ses angles, il se pencha en avant.

— Ceci est le véritable breuvage d'immortalité, prononça-t-il sentencieusement. La vitalité d'hommes jeunes et robustes y est dissoute. Pour tout autre qu'un initié, ce breuvage est mortel ; pour l'initié, préparé à son assimilation, il devient une source d'impérissable énergie. Estimez-vous heureux, mon fils, d'avoir pu contribuer à alimenter cette source qui va rendre les Maîtres supérieurs aux dieux.

A qui parle-t-il, se disait Garab ; je ne vois personne. Et Ram ?... Il m'a pourtant parlé. Est-ce que je deviens fou ?

Le sorcier porta la cuillère à sa bouche, il parut boire quelque chose, puis s'inclina, de nouveau, vers la table.

— Vos yeux sont encore ouverts, dit-il ; ne sentez-vous pas le grand sommeil venir ? Les vers n'ont-ils pas commencé à attaquer vos jambes ?

« Vous avez voulu découvrir notre mystère, vous le connaissez maintenant. Formez le vœu de renaître parmi nous. Un jour, peut-être, deviendrez-vous un Maître à votre tour. Dans cet espoir, je vous bénis par l'aspersion secrète.

Il pencha la cuillère vers la table. Garab en vit tomber quelques gouttelettes de liquide.

En même temps, un cri déchirant partit de sous le couvercle de fer :

— A moi ! Garab ! A moi !

C'était Ram, invisible, qui l'appelait.

Sans trop savoir ce qu'il faisait, Garab saisit à pleines mains la barre de fer que le Bön avait laissée dressée contre le mur, près de la porte et, se ruant vers lui, de toutes ses forces, il lui en assena un coup sur la tête. Le sorcier s'écroula, assommé.

— Oh ! Garab, sors-moi d'ici !... Garab ! implorait la voix de Ram, sortant de la table.

Mais c'est dans un tombeau qu'ils l'ont enfermé ! comprit le chef.

— Viens ici, soulève ce couvercle, gémissait l'Hindou.

Garab regarda le Bön gisant inanimé sur le sol, un filet de sang coulait sur son front. Je lui ai, peut-être, brisé le crâne, pensa-t-il. Il avait repris son sang-froid.

— Je viens, répondit-il à son ami. Il ramassa le cadenas et sa clef que le sorcier avait déposés près de la porte lorsqu'il était entré, et les glissa sous sa robe[1]. Puis, prenant la lanterne et sans se démunir de la barre qui venait de lui servir d'arme, il s'approcha de l'angle de la table d'où partait la voix de Ram.

Encadré dans un des trous qu'il avait remarqués, le visage de l'Hindou lui apparut, horizontal comme celui d'un homme étendu à plat sur le dos. Presque à côté de lui, dans un autre trou, se voyait une face de cadavre, livide et bleuissante et, plus

1. La robe très large que portent les Tibétains est serrée par une ceinture et forme ainsi, sur la poitrine, une vaste poche dans laquelle les Tibétains portent tous les objets qu'ils veulent avoir immédiatement sous la main.

loin, enfoncé au fond d'une ouverture semblable, Garab distingua quelque chose qui avait dû être une tête, mais dont il ne demeurait qu'un crâne émergeant de chairs en putréfaction.

Dans quel enfer se trouvait-il !

— C'est une table creuse, nous sommes couchés sous son couvercle ; il faut le soulever, Garab, implorait le supplicié.

Garab porta les mains au bord de la plaque de fer et l'examina. Sa lourdeur défiait toutes tentatives de la soulever. Elle devait être enlevée en plusieurs parties et par plusieurs hommes, après avoir été dégagée des crochets cadenassés qui la retenaient à la maçonnerie. Garab ne pouvait songer qu'à démolir quelque peu le coin sous lequel Ram était étendu, afin de lui frayer un passage. Cela, seul était d'ailleurs nécessaire.

Se servant de la barre de fer comme d'un levier, il se mit au travail avec rage. Peu à peu, les pierres sur lesquelles il prenait un point d'appui commencèrent à jouer, quelques-unes tombèrent, un des crochets se descella tandis que le couvercle ployait. Sans attendre que le corps de son ami fût entièrement à découvert, Garab, le prenant par les épaules, l'attira par l'ouverture qu'il avait pratiquée.

L'Hindou, complètement nu, barbouillé d'une sorte de boue puante immonde, eut peine à se redresser et s'appuya à la muraille, incapable de se soutenir.

— Il y a plus de trois jours que je suis là-dedans et que je n'ai rien mangé, dit-il.

— Qu'est-ce « là-dedans » ?

— Entre deux plaques de fer, ces sorciers déposent des hommes vivants, les y laissent mourir de faim et se décomposer. Jamais on ne retire les cadavres. De temps en temps, on leur adjoint des vivants. Le liquide produit par les chairs putréfiées est leur breuvage d'immortalité[1]. C'est le mystère de So sa ling. Je le connais. Emmène-moi d'ici, Garab!

— Je suis venu pour cela, répondit Garab, terrifié. Habille-toi avec la robe du sorcier; nous partons.

Prestement, Garab ramassa la robe que le Grand Maître avait quittée et aida Ram à s'en vêtir. Puis il alla, de nouveau, jeter un coup d'œil sur sa victime.

— Il n'est pas mort, dit-il, il faut l'enfermer.

Ram se tenait plus solidement sur ses jambes; il suivit son sauveur qui, s'éclairant avec la lanterne, replaça la barre assujettissant la porte et la cadenassa.

Les deux amis respirèrent un instant l'air frais de la nuit, dégageant leurs poumons de la pestilence qu'ils avaient respirée.

— Connais-tu un chemin par où nous pouvons fuir? demanda le chef.

— Non. On m'a conduit ici pendant la nuit.

— Terrible! murmura Garab.

— Mais tu connais le chemin, toi?

— Je ne connais que celui par où je suis venu. Nous ne pouvons pas retourner par là.

Garab fit le tour du promontoire. Celui-ci domi-

1. Les Tao-sse chinois ont longuement poursuivi la recherche du breuvage rendant immortel, mais ils ne sont pas les seuls en Orient. Les Tibétains ont composé le *btchud lén gyi* ou *btchud kyi lén* (prononcer *tchu ki lén*) et le *nang ntchöd* (*nang tcheu*), les Hindous ont le *rasâyana*. Mais toutes ces potions ne sont que l'expression vulgaire et déformée de procédés appartenant aux sciences secrètes. Ainsi, *tchu ki lén* est, non pas une liqueur, mais un procédé mystique par lequel on saisit et on assimile la « sève nourricière », « l'énergie-vie » universelle. Il existe, à ce sujet, un ensemble de doctrines curieuses qui paraissent remonter à une haute antiquité. Si les circonstances s'y prêtent, j'essaierai, un jour, d'en donner un aperçu. (*Note de l'auteur*.)

nait, de haut, une mer de ténèbres où circulaient des nuages. Les formes vagues de quelques sommets émergeaient çà et là de l'obscurité. C'est la mort, pensa l'ex-bandit, mais nous devons tenter de fuir. Mieux vaut nous fracasser la tête sur les rochers que d'agoniser dans l'enfer que ces Böns ont créé.

Il dénoua sa large ceinture et en éprouva la solidité.

— Voici qui tiendra lieu de corde[1], dit-il à Ram. Si peu long que soit le morceau, il sera utile. Donne-moi ta ceinture.

Ram enleva celle du Bön qu'il avait enroulée autour de lui. Avec son couteau, Garab en coupa deux rubans qui suffisaient à serrer sa robe et celle de son ami, puis il suspendit la lanterne au morceau restant.

Alors, il commença une exploration rapide des bords du promontoire, promenant, aussi bas qu'il le pouvait, la lanterne au bout de sa corde, aux endroits qui lui paraissaient les plus propres pour tenter la périlleuse descente. Il finit par se décider pour une sorte de « cheminée » où croissaient des touffes d'arbres rabougris. Où aboutissait-elle ? A des pentes praticables ou à des abîmes ? L'obscurité ne permettait pas de s'en rendre compte.

— Ram ! dit Garab, très ému, ne te crois pas sauvé. Presque certainement, nous allons à la mort. Crois-tu avoir le pied assez ferme pour te tenir, sans glisser, sur une pente ?

— Je ne sais pas, répondit l'Hindou à mi-voix. Je me sens très faible.

Plus de trois jours sans manger ! se rappela

1. Les ceintures des Tibétains s'enroulent plusieurs fois autour du corps et mesurent plusieurs mètres de long. Celles de qualité supérieure sont faites d'un galon, large d'environ 40 à 50 centimètres, en tissu très serré et très solide, parfois en soie.

Garab. Il avait, sous sa robe, quelques provisions lui permettant de restaurer son ami, mais s'attarder était dangereux. Rapidement, Garab dénoua le petit paquet qu'il avait emporté, y prit un morceau de viande séchée[1] et le mit dans la bouche de son compagnon.

— Cela trompera ta faim, j'ai de quoi te donner à manger plus tard, lui dit-il. Partons, il en est grand temps. Je t'aiderai.

L'aventureuse descente commença. Garab avait suspendu la lampe à sa ceinture. De temps en temps, il la laissait descendre au bout de la corde pour explorer le terrain au-dessous de lui. Presque à chaque pas, il devait se retourner pour aider Ram qui vacillait.

Après un temps qui leur parut interminable, les fugitifs se trouvèrent sur une petite corniche surmontant un mur de roc perpendiculaire. Cette fois, aucune végétation n'offrait son aide.

Le ciel pâlissait, une vague clarté se répandait sur le paysage.

Les Böns vont s'étonner en ne voyant pas revenir leur Grand Maître, se dit Garab. Ils vont aller à la caverne pour le chercher. Peut-être nous apercevront-ils ?

La lumière croissait. Au pied du roc, on voyait des pâturages descendant en pente douce. Le salut était là, mais il fallait y parvenir.

— Ram, cria Garab, c'est notre dernière chance, elle est bien petite. Je vais t'attacher à moi et je me laisserai glisser le long du rocher.

— Fais, répondit l'Hindou.

Au moyen des deux ceintures, Garab attacha son ami contre sa poitrine, puis il enfouit ses mains dans

1. Une sorte de pemmican, un aliment très nourrissant, d'un usage courant au Tibet.

les longues manches de son épaisse robe afin d'éviter la brûlure de la peau pendant la glissade. Il espérait pouvoir diminuer la rapidité de celle-ci par le frottement de ses bottes, de son dos et de ses mains en s'arc-boutant, s'il pouvait y parvenir. Seul, il se serait cru certain de s'en tirer, mais avec Ram pressé contre sa poitrine, il doutait.

La glissade commença, moins rapide que Garab ne l'avait craint. Le roc n'était ni aussi lisse ni aussi vertical qu'il lui avait paru. Il réussit, par moments, à modérer la vitesse de sa course et à diriger quelque peu celle-ci. D'ailleurs, tout fut bref. Quelques instants après avoir quitté la corniche, les deux fugitifs tombaient, l'un sur l'autre, sur un terrain gazonné, tous deux fortement meurtris, mais saufs.

Garab dégagea Ram et l'aida à se remettre sur ses pieds.

— En route ! Fais un effort, dit-il, nous devons nous éloigner d'ici. Cette fois, tu es vraiment sauvé.

L'Hindou ne répondit pas. Il se mit à marcher. Garab lui trouva une expression de figure singulière. Il est grand temps qu'il mange, pensa-t-il. Le malheureux.

Ils parcoururent une petite distance sur les alpages, puis atteignirent des bois. Ram était à bout de forces et, bien qu'il eût préféré s'éloigner davantage et atteindre un village, Garab comprit qu'il devait s'arrêter.

Un torrent descendait, par une série de cascades le long d'un profond ravin, celui-ci pouvait, à défaut de mieux, abriter les deux amis pendant le temps d'un bref repas.

Garab espérait que Ram serait, ensuite, capable de se remettre en marche. Les Böns ne suivraient certainement pas le chemin qu'ils avaient pris, et si l'idée leur venait de les chercher de ce côté et qu'ils dussent y arriver en faisant le tour de la montagne depuis So sa ling, ils n'étaient pas près de se montrer. Quant à être recherchés, Garab n'avait aucun doute à ce sujet. Ram et lui avaient découvert un secret trop épouvantable pour que les Böns pussent risquer de le leur laisser dévoiler. Ils s'efforceraient de les assassiner tous deux.

Ram mangea un peu et, sur les instances de Garab, se lava, mais il essaya, vainement, de recommencer à marcher.

— Je vais te porter sur mon dos aussi loin que je le pourrai, lui proposa son ami. En me reposant de temps en temps, nous pourrons, sans doute, atteindre un village ou une ferme. Il suffit qu'il y ait des gens autour de nous pour que les Böns n'osent pas nous attaquer.

— Non, restons ici, implora l'Hindou.

Toutes les représentations de Garab furent inutiles. Il dut se résigner à demeurer dans le ravin et à s'y dissimuler le mieux qu'il put, avec son ami, entre d'épais buissons qui atteignaient le bord du torrent.

— Ecoute, dit Ram, dès qu'ils furent assis. Je dois te raconter...

« Un des docteurs est venu à ma chambre. "Notre Maître veut vous voir", m'a-t-il dit. J'ai senti que le mystère que je m'étais juré de pénétrer s'approchait de moi. J'aurais voulu te parler, t'avertir au moins par un signe, mais tu n'étais pas chez toi quand j'ai poussé ta porte en passant devant elle. Cela m'a causé de l'inquiétude, mais il me paraissait imprudent de le laisser voir. J'ai suivi le docteur au temple, puis dans le sanctuaire interdit, derrière l'autel. Quand j'ai vu la trappe et le couloir sous le rocher, j'ai compris que je ne retournerais pas à So sa ling.

— C'est par là que tu es venu?

— Oui. Je me suis souvenu de ce qu'Anag m'a raconté autrefois au sujet de ce jeune paysan qui était entré dans le sanctuaire.

— Il n'y a pas d'autre chemin.

— Tu as dû voir les ermitages, sur le plateau. On m'a enfermé dans l'un d'eux et, le lendemain, le Grand Maître est venu me parler longuement. C'est l'homme fantôme que tu as assommé: un abominable sorcier, mais un être extraordinaire aussi. Ceux qui vivent là-haut, avec lui, affirment qu'il a plus de mille ans. Il ne dort jamais, sauf une fois tous les vingt-cinq ans. Son sommeil dure alors six mois, sans interruption et, lorsqu'il se réveille, il a repris la vigueur d'un homme dans la plénitude de la force virile.

« Il touche, actuellement, à la fin de ce laps de vingt-cinq années. J'ai compris que le retour de ces périodes de sommeil commence à l'effrayer. Il craint de s'endormir, car il sait que, bien qu'il ait réussi à éviter la mort pendant si longtemps, *il n'est pas devenu véritablement immortel* et pourrait, un jour, ne plus se réveiller.

« Ses disciples ont tous atteint un âge fantastique, bien que leur longévité soit loin d'approcher de celle du Grand Maître. Eux aussi craignent la mort et cherchent à s'en délivrer à jamais.

« Leur grand secret, l'abomination qu'ils cachent à So sa ling, peut-être depuis des siècles, c'est leur breuvage d'immortalité. De son usage prolongé, ces insensés attendent le miracle que d'autres pratiques, tout en prolongeant fabuleusement leur vie, n'ont pu produire: les rendre *définitivement* immortels.

« Tu as vu ce qu'est cette potion immonde. Je te l'ai dit, ce sont des vivants et non pas des cadavres qu'ils couchent entre les deux plaques de fer, étroitement enserrés par elles, sans qu'ils puissent faire un mouvement, leur visage, seul, restant à découvert. Et ces vivants ne doivent pas y être placés de force. Le rite veut qu'ils s'étendent eux-mêmes, volontairement, dans le bain effroyable[1].

« Volontairement !... J'imagine que les Böns usent de sortilèges pour amener leurs victimes à le faire. Moi, tu le sais, je poursuis un but. Je veux passer par-delà la mort ; je veux prendre conscience de *Cela* où cesse le jeu illusoire de l'être et du non-être.

« Le Grand Maître m'a dit qu'il m'avait appelé parce qu'il savait que « ma vie » était consumée, qu'elle m'avait déjà quitté et que « l'apparence de vie » qui constituait ma personne était près de s'éteindre aussi.

— Mais, le supérieur m'a dit la même chose à So sa ling, s'écria Garab, et il m'a conseillé de sacrifier le peu de vie apparente qui me restait pour le bien d'autrui afin d'acquérir des mérites.

— Je comprends, ils te voulaient, toi aussi, pour leur bain infernal.

— Pour me prouver que ma vie était bien finie, le supérieur m'a fait regarder mon poignet ; je devais voir ma main séparée de mon bras.

— Ah ! ils t'ont fait regarder Cela aussi.

— Oui, mais ils mentaient. J'ai eu beau regarder, ma main tient à mon bras. Je suis vivant, bien vivant... plus vivant, probablement, que le monstre que nous avons enfermé dans la caverne.

Ram hocha la tête :

— Mais moi, j'ai vu la ligne filiforme de mon poignet se couper et ma main demeurer séparée de mon bras. Je vais mourir... je suis déjà mort.

1. Voir dans l'*Avant-propos*, comment l'auteur eut connaissance de rumeurs qui circulent au pays des Gyarongpas, quant à cette pratique.

— Folie ! cria Garab très alarmé. Ce sont des mensonges que les Böns débitent pour tourner la tête à ceux dont ils veulent faire leurs victimes. Tu n'es pas plus mort que moi, Ram.

— Je sais, répondit l'Hindou. Et il continua :

« Les sorciers ne me parlèrent pas du tombeau de la caverne, mais seulement de huttes où l'on médite dans les ténèbres. Où se trouvaient-elles situées, existaient-elles réellement ? Je sentais le mystère de So sa ling se rapprocher de plus en plus de moi, j'y touchais. Je consentis à m'enfermer dans une de ces huttes. Une nuit, ils vinrent me prendre. En psalmodiant des chants magiques et brûlant des parfums singuliers, ils m'amenèrent près de la caverne, me commandèrent de me déshabiller et puis, ils ouvrirent la porte...

« Garab, le couvercle était entièrement enlevé. J'ai vu ce que tu n'as pas pu voir, l'horreur de ce charnier. Près de la place que l'on me désignait, il y avait un homme encore vivant. Il a fait quelques mouvements pour se lever, pour sortir de ce tombeau, il n'en a pas eu la force. Ses yeux remuaient avec une effroyable expression d'épouvante... De petits vers grouillaient sur lui... Garab ! j'ai regardé cela. Cela, la mort lente, sentie venir, savourée, analysée, défiée... vaincue sans doute. La conscience lucide recréant les forces et les formes que d'autres agents attaquaient et voulaient anéantir ; la volonté de vivre triomphant de l'habitude de mourir.

« Garab, j'ai voulu passer par là et en sortir vainqueur... J'ai raillé les Böns infâmes et stupides et... je me suis couché.

« Quand le jour s'est levé, l'homme allongé contre moi a poussé quelques soupirs, j'ai senti un frisson courir le long de sa jambe qui touchait la mienne, puis il n'a plus bougé.

« Le Maître est venu le soir suivant, il a passé la nuit dans la caverne. Il m'a parlé, je n'ai pas répondu. J'épiais mes sensations.

« Et, peu à peu, l'horreur s'est insinuée en moi, a grandi, m'a vaincu. Je ne songeais plus qu'au moyen de m'échapper et je savais qu'il n'en existait point.

« Garab, tu es venu...

— Tâche d'oublier, pense à autre chose, conseilla Garab, les larmes aux yeux. Partons d'ici. Crois-moi, tu te trouveras mieux quand nous ne serons plus seuls. C'est le jeûne qui trouble ton esprit, tu as la fièvre. Viens, essaie de faire quelques pas. Ne crains rien, j'ai mon sabre... J'ai été chef de brigands, je sais me battre. Ces Böns ne me font pas peur.

Le pauvre Garab ne savait qu'inventer. Il éprouvait une compassion infinie pour l'Hindou dont la raison lui semblait dérangée.

— Ecoute, Garab, reprit Ram. J'ai été lâche, j'ai reculé devant l'épreuve. Je me suis cru fort et j'étais faible. Des mots, des mots ; je me berçais de mots, de phrases. Quelques jours de fermeté, et, sans doute, j'aurais triomphé, j'aurais connu l'existence éternelle...

« Qui sait pourquoi ils se sont couchés dans cette caverne, ceux dont je n'ai vu que les ossements ou des lambeaux de chair ; pourquoi il s'y était couché, celui dont j'ai senti le dernier tressaillement ?... Peut-être en est-il, parmi eux, qui ont percé le grand mystère, non pas l'ignoble mystère de ces sorciers, mais le mystère des mystères...

« Garab, je devrais retourner, m'étendre à la place que je n'aurais pas dû quitter et, cette fois, aller jusqu'au bout...

— Horreur ! cria Garab. Ram, reviens à toi, tu es fou !

L'Hindou ne dit plus rien ; une violente fièvre le faisait trembler, sa peau était brûlante.

« Le cauchemar qu'il a vécu l'a véritablement rendu dément, pensait Garab. Se calmera-t-il, comprendra-t-il que nous devons nous éloigner? Nous avons, déjà, tant tardé ! »

Quelque temps se passa encore, puis, à moitié couverts par le bruit des cascades, Garab discerna des craquements suspects dans le bois. On rôdait entre les taillis, cassant de menues branches, en écrasant d'autres sous les pieds, faisant bruire les feuilles sèches.

— Ram, murmura-t-il à l'oreille de son compagnon. On vient. Peut-être sont-ce les Böns.

Les pas se rapprochaient.

— Je les ai appelés en pensée, marmonna l'Hindou. Qu'ils m'emportent, je veux retourner là-bas, recommencer l'épreuve, vaincre.

— Tais-toi, supplia Garab. Tu divagues, tais-toi ! Ils vont nous assassiner s'ils nous découvrent.

On entendait, maintenant, plusieurs voix. Des hommes causaient, arrêtés au même endroit, non loin du taillis dans lequel les fugitifs s'étaient glissés.

— Ils vont nous voir, dit Garab très bas. Je sais mieux ; cachons-nous entre les rochers, sous la cascade, l'écume nous cachera ; nous ne devons avoir que la bouche hors de l'eau. Il ne leur viendra pas à l'idée de regarder par là et ils s'en iront.

Poussant son ami qui se laissait faire, Garab rampa avec lui jusqu'au milieu du torrent. Une dépression pleine d'écume et encombrée de rochers dressés s'étendait au pied des cascades. Hâtivement, tous deux s'y enfoncèrent et Garab, prenant un paquet de branchages et de feuilles charrié par le courant, le plaça sur leurs têtes rapprochées dissimulées par deux rochers voisins.

Plusieurs hommes battaient le bois. Aux paroles qu'ils échangeaient, Garab reconnaissait qu'ils étaient bien des Böns envoyés à leur recherche. L'un d'eux passa près du taillis où Ram et lui se trouvaient blottis un instant auparavant.

L'Hindou s'agitait, cherchait à échapper à l'étreinte de Garab qui lui maintenait le corps sous l'eau.

— Retourner... Je veux retourner... Laisse-moi, balbutait-il. Je veux éprouver cela encore... vaincre!... Je veux savoir...

— Tais-toi! suppliait Garab épouvanté, craignant que le bruit de la chute d'eau ne suffît pas à couvrir la voix de l'insensé.

— Laisse-moi les appeler... Ici!... je suis ici!... je...

Ram avait réussi à se dégager; le buste hors de l'eau, il appelait avec l'énergie de la démence.

En moins d'une seconde, Garab le ressaisit, crispant ses mains sur ses épaules, lui enfonçant la tête sous l'eau.

Des pas résonnaient sur les galets près du bord de l'eau. Ram se débattait, Garab, à demi couché sur lui, le maintenait désespérément, écoutant le bruit des pas qui s'éloignaient... Ram cessa de bouger.

Le silence retombait dans les bois. Garab releva la tête de son ami. Grands ouverts, les yeux de l'Hindou le regardaient fixement comme s'ils eussent voulu exprimer une pensée, lui communiquer un message.

Ram!... Qu'avait-il appris, le pauvre cher fou, pendant les brèves minutes où son ami, affolé, redevenant la brute qui, avant tout, veut vivre, l'assassinait après l'avoir sauvé?

— Ram! Ram! Qu'ai-je fait! sanglotait le meurtrier éperdu.

Le soir trouva Garab assis au bord du torrent. Ram, accoté à un rocher, continuait à le regarder avec ses larges yeux noirs immobiles, pleins de mystère et de tendresse.

Et quand la nuit, voilant le cher visage, eut terminé le muet colloque, l'ex-bandit se leva et s'en alla droit devant lui.

Chapitre VII

Le sage ermite de l'Amné Matchén. – Mystérieux voyageurs étrangers. – La chair triomphe de l'esprit. – Meurtre dans une caverne.

A l'est des grandes solitudes herbeuses du Tibet septentrional, se dresse une montagne altière, surgissant, isolée, parmi l'immensité des plateaux déserts. Les pasteurs du pays l'appellent Amné Matchén, ou Matchén Poumra et y placent la demeure de leur dieu. Devant sa haute cime, casquée de neiges éternelles, de gigantesques cônes noirs paraissent être des sentinelles montant une garde vigilante, et son pied repose sur des gisements d'or.

Guésar de Ling, le héros de l'épopée nationale du Tibet, a vécu près de là, dans sa jeunesse, et les trésors fabuleux que les légendes lui font découvrir ont pu être, en réalité, l'or de l'Amné Matchén[1].

Près de là, aussi, Garab, au temps de sa prospérité, avait eu ses tentes et ses troupeaux. Chef intrépide et fier, partant en expédition, il avait traversé ce pays à la tête de ses bandits et, dans ces mêmes solitudes, plus loin, vers le couchant, Détchéma était venue à lui.

1. Voir *la Vie surhumaine de Guésar de Ling*. Traduction du poème épique national des Tibétains, par A. DAVID-NEEL et le Lama YONGDEN. (Editions Adyar, Paris.)

Liens mystérieux, instinct de la bête blessée qui retourne à son gîte, Garab, après avoir erré pendant plus d'une année, portant le fardeau douloureux du crime commis presque inconsciemment, était venu se prosterner aux pieds de Dordji Migyur, un ascète vivant en ermite sur les pentes de l'Amné Matchén. La réputation de sagesse et d'austérité de Dordji Migyur s'étendait au loin. On le disait possesseur de facultés et de pouvoirs supranormaux. Beaucoup briguaient l'honneur de devenir ses disciples, mais l'ermite les congédiait presque tous avec une douce fermeté, et les plus favorisés devaient se contenter d'être tolérés, à proximité de son ermitage, pendant quelques semaines, au plus, pendant quelques mois.

Dordji Migyur avait accueilli, avec son impassibilité habituelle, la confession complète que Garab lui avait faite. Il lui avait enseigné quelques pratiques religieuses faciles à accomplir, lui conseillait d'y être strictement fidèle, puis, l'ayant muni d'un livre relatant la vie du Bouddha et quelques-uns de ses discours, il lui avait permis, contre son habitude, de séjourner pour un temps, dont il ne fixait pas la durée, dans une caverne vaguement aménagée pour être habitée[1], où s'abritaient, à l'occasion, les pieux laïques venant renouveler les provisions de l'anachorète ou les visiteurs sollicitant sa direction spirituelle.

La rencontre de l'Hindou à So sa ling, les événements qui s'étaient imposés à l'attention de Garab pendant son séjour parmi les Böns et, surtout, le choc moral causé par la mort de Ram avaient détourné, en partie, les pensées qu'il concentrait sur Détchéma. A l'Amné Matchén, celles-ci commencèrent à se regrouper, repoussant en arrière les autres préoccupations. L'atmosphère familière des solitudes du nord, le paysage identique à celui dans lequel Dét-

1. Voir au sujet des cavernes-habitations la note p. 164.

chéma lui était apparue, identique aussi à ceux parmi lesquels il avait effectué, avec elle, la longue chevauchée vers le Khang Tisé, contribuaient à raviver, dans la mémoire du chef, les souvenirs de sa vie passée, le souvenir de son amour.

De jour en jour, Détchéma redevenait plus présente en lui. Il se remémorait les nuits qu'ils passaient enlacés, sous le ciel étoilé, les frémissements voluptueux qui le parcouraient au contact du corps brûlant de sa maîtresse, la faim toujours renaissante qu'il avait de sa chair et les satisfactions affolantes qu'elle lui donnait.

Depuis sa fuite de So sa ling, Garab n'avait pas été chaste. Le beau mâle qu'il était exerçait une attraction assez forte sur les femmes pour que, même pauvre et vagabond, il ne manquât pas d'amoureuses. Mais, de toutes celles qu'avait attirées la flamme magnétique de ses grands yeux de fils d'Hindou, pas une n'avait pu, même pour un seul instant, effacer l'empreinte que Détchéma avait laissée en lui.

Comme après leur première nuit d'amour, Garab, angoissé, se demandait : qu'a-t-elle donc, celle-là, qui la rend différente de toutes les autres ? Comme alors, aussi, se présentaient à son esprit, les histoires que les bonnes gens racontent concernant les filles-démons, les Sindongmas qui jouent à l'amour avec des amants humains.

Détchéma était morte, il l'avait vue emportée par le torrent. Pourtant, quelque chose, dans le tréfonds de son être, continuait à la *sentir* vivante. Il revoyait l'eau rapide, fangeuse et écumante, et les deux petites mains, tournoyant comme des papillons, qui s'enfonçaient dans le rideau de brouillard. Etaient-ce des mains humaines, ou bien une fantasmagorie démoniaque ? Les mains de Détchéma n'auraient-elles pas dû être submergées ? — Détchéma !... Qui donc était-elle pour que sa poitrine se mît à haleter, sa chair à le torturer lorsqu'il prononçait seulement son nom ?

Garab se livrait alors aux interminables prosternations rituelles que l'ermite lui avait enseignées. Il les répétait, jusqu'à épuisement, scandant, par elles, les vœux des Bodhisattvas[1] se consacrant au service des êtres, au soulagement de leurs douleurs.

Le tempérament de Garab ne le portait pas à la vie contemplative. Il venait seulement d'atteindre sa trente-deuxième année et se trouvait plus robuste encore qu'il ne l'avait jamais été. Il n'aurait guère pu se plier à la vie d'anachorète qu'il menait s'il ne l'avait point considérée comme le moyen d'atteindre un but particulier.

Ce but, ce n'était pas d'échapper au châtiment que ses crimes appelaient. Garab avait l'âme trop fière pour ne pas mépriser les marchés de ce genre. Il eût cru se montrer lâche en cherchant à se dérober aux conséquences de ses actes ; pour ceux-ci, il était prêt à payer, quel que dût être le prix ; mais Dordji Migyur lui avait montré un idéal.

« Oubliez le passé, lui avait dit l'ermite, ne vous absorbez pas dans la pensée des fautes que vous avez commises, le remords est une forme de présomption. S'y complaire, c'est s'attribuer et attribuer à ses actes une importance qu'ils n'ont point. Tout ce qui existe, tout ce qui se produit, est le fruit de causes entremêlées de mille façons. Si loin que l'on puisse remonter dans la nuit des âges, il est impossible de découvrir une origine à ces causes, de concevoir une cause qui n'aurait pas de cause. Ainsi, mon fils, votre personne et vos actes ne sont que des anneaux de cette chaîne

1. En bouddhisme, les Bodhisattvas sont des individus très avancés dans la voie de la perfection spirituelle et animés d'une ardente charité. En ordre d'excellence, les Bodhisattvas viennent immédiatement après les Bouddhas et sont tout près d'atteindre l'état de Bouddha.

éternelle, des anneaux attachés à d'autres anneaux et auxquels à leur tour, d'autres anneaux, encore, viendront s'accrocher. Tournez vos pensées vers la douleur qui accompagne le pèlerinage des êtres le long de cette chaîne de l'existence.

« C'est parce qu'ils la considèrent avec les yeux de leur clairvoyante sagesse que les Bodhisattvas, émus de comparaison, se font les instructeurs, les guides, les médecins des hommes ignorants, égarés, enfiévrés par le feu de la haine et de la convoitise.

« Cessez de regarder en arrière, mon fils, aspirez à l'honneur d'être le serviteur de ces Bodhisattvas, de marcher à leur suite, vous oubliant vous-même, ne voulant plus être que l'instrument de leur charité pour semer du bonheur dans ce monde que l'affliction submerge. »

Garab écoutait, attentif. Cet idéal du Bodhisattva est exalté par toutes les sectes du bouddhisme mahâyâniste ; il n'est pas de Tibétain qui l'ignore et, tous, aussi loin qu'ils en demeurent, le révèrent pieusement. Garab ne faisait pas exception. Il avait, parfois, entendu des lamas de passage prêcher sur ce thème, mais nul d'entre eux ne parlait aussi bien, pensait-il, que Dordji Migyur.

Ainsi, pour se rendre capable, dans cette vie et dans les suivantes, de soulager la détresse des malheureux, d'apporter du bonheur à ceux qui en sont privés, Garab, l'ancien bandit orgueilleux, vivait, dans une caverne de l'Amné Matchén, la rude et noble vie des anachorètes.

Or, il arriva que, par ce jeu mystérieux des causes et des effets multiples, dont parlait Dordji Migyur, un incident, très banal, déclencha une série de conséquences qui arrachèrent Garab au port de salut où il se croyait solidement ancré.

Deux pasteurs, disciples laïques de Migyur, arrivèrent à l'Amné Matchén, portant une offrande de vivres à leur maître. Comme d'habitude, ils voulurent, avant de se présenter devant lui, déposer leurs couvertures et les selles de leurs chevaux dans la caverne qui leur servait d'abri lors de leurs visites. Dans cette caverne habitait Garab. Les deux hommes le connaissaient, l'un d'eux avait fait partie de sa bande.

Tout d'abord, les pasteurs crurent que Garab se cachait et ils s'attachèrent à le rassurer. Près de quatre années s'étaient écoulées depuis l'expédition des musulmans, leur général était occupé par ailleurs et chacun savait qu'il ne paierait plus, actuellement, la prime offerte pour la tête de l'ex-chef de bande. Garab pouvait revenir, sans crainte, parmi ses anciens compagnons ; tous le reverraient avec joie et, eux deux se faisaient fort de rassembler, par des dons volontaires, un petit troupeau dont ses amis lui feraient hommage afin qu'il puisse commencer à reconstituer sa fortune. Tous savaient que leur malheur était venu de ce qu'ils n'avaient pas obéi à ses ordres et chercheraient à atténuer les tristes conséquences, pour lui, de leur désobéissance.

Garab les remercia, il se déclara touché de leur sollicitude. Puis, il leur expliqua que ce n'était point par crainte qu'il vivait dans cette caverne. Il eût pu demeurer en territoire tibétain où il n'avait rien à redouter. S'il était venu à l'Amné Matchén, c'était pour y mener une vie sainte sous la direction du très sage ascète Dordji Migyur. Il aspirait à marcher sur les traces des grands compatissants, les Bodhisattvas, toujours prêts à se sacrifier pour le bien des êtres. Et, partant de ce thème, Garab, parfaitement sincère et s'émouvant lui-même en s'écoutant, étonna ses anciens amis en leur répétant, comme s'il parlait d'abondance, un des plus touchants discours de l'ermite.

Les deux pasteurs n'en croyaient pas leurs oreilles. Etait-ce bien, là, le rude batailleur qui, quelques années auparavant, les conduisait joyeusement au pillage! Mais les légendes pieuses abondent en conversions de ce genre. Ils se rappelaient celle d'Angulimala – chef de bandits, comme Garab – qui portait, à son cou, un collier fait de mille ongles de petits doigts arrachés à mille de ses victimes. Et cet Angulimala, ayant rencontré le Bouddha et l'ayant écouté, était devenu un saint, un de ceux qui ont atteint le plus éminent degré de la sagesse: un Arhat.

Hochant la tête, pénétrés de respect, les deux pasteurs se prosternèrent, puis, les mains jointes, le front courbé, ils sollicitèrent la bénédiction de leur ancien capitaine, le célèbre détrousseur de caravanes.

Au couvent de Samtén ling, Détchéma sombrait, peu à peu, dans l'inertie. La vie religieuse était dénuée de sens pour elle. Elle eût pu s'instruire en lisant, dans sa chambrette, quelques-uns des nombreux ouvrages, traitant des doctrines bouddhistes, que contenait la bibliothèque de Samtén ling, ou bien, elle eût pu apprendre la signification des rites pratiqués dans le monastère, en interrogeant la supérieure, une femme lettrée, de bonne famille, qui avait pris l'habit religieux après être devenue veuve. Mais rien de ces choses ne l'intéressait. Sa vie était tout entière contenue dans un rêve. Elle s'était absorbée en lui pendant sa jeunesse, elle l'avait réalisé en rencontrant Garab et, la mort du chef y ayant mis fin, elle ne se sentait plus aucune raison d'exister. Silencieuse, indifférente, l'esprit absent, elle acceptait, passivement, la monotonie des heures qu'elle ne savait pas occuper, sa triste sombre robe monastique et le renoncement à sa beauté, symbolisé par sa tête rasée. Elle voyait uniquement, en ces choses, l'expiation de son ingratitude envers les grands-parents qui l'avaient chérie et de l'égoïsme qui l'avait portée à les fuir pour chercher l'amant de son rêve. Elle les considérait, aussi, comme un châtiment mérité pour avoir *mal* aimé Garab, pour avoir aimé, en lui, le plaisir qu'il lui donnait et pour avoir contribué à sa perte.

Ainsi, tandis que Garab méditant, dans sa caverne, les exemples des héros de la charité transcendante se sentait soulevé par l'enthousiasme et vivait une vie intense en se préparant à suivre leurs traces, pour Détchéma, les jours coulaient mornes et sans but, remplis par les tâches banales assignées au commun du troupeau des nonnes.

Parmi ces tâches, il échut, plusieurs fois, à Détchéma celle d'accompagner des religieuses âgées dans les villages où elles allaient recueillir des aumônes. C'est ainsi que, plus de deux années s'étant déjà écoulées depuis son arrivée à Samtén ling, il lui fut enjoint de se rendre, avec deux autres religieuses, chez une veuve riche et pieuse qui avait promis un cadeau de thé à la communauté.

La ferme où elle devait se rendre se trouvait située dans le voisinage de la rivière dont le passage s'était terminé de façon tragique pour Garab et pour elle.

Suivant l'usage et croyant, par là, acquérir des mérites qui lui procureraient, dans sa vie future, des biens plus considérables encore que ceux qu'elle possédait actuellement, la veuve invita les religieuses à passer deux journées chez elle.

La proximité des lieux où s'était, brusquement, terminée sa vie d'amoureuse, réveilla l'énergie engourdie de Détchéma. Un désir surgit en elle : celui de revoir le gué fatal, les bois à travers lesquels elle avait erré à la recherche de Garab et l'endroit où le chapeau du chef était demeuré accroché à un roc, comme pour fournir une preuve irrécusable de sa mort.

Sans rien dire à ses compagnes, de crainte que celles-ci n'essayassent de l'en empêcher, Détchéma quitta la ferme dès le lever du jour et s'orienta vers la rivière. Des paysans qu'elle rencontra, plus tard, lui indiquèrent le chemin conduisant au gué et elle arriva en face de celui-ci vers le milieu de la matinée.

L'on était au printemps, le soleil brillait, mais les neiges, sur les montagnes, ne fondaient pas encore. La rivière écumante et fangeuse dont Détchéma gardait la mémoire coulait doucement, cristalline et peu profonde, et le grondement de tonnerre de ses eaux tumultueuses qui avait terrifié la fugitive était devenu un gazouillement harmonieux.

Détchéma refit, sous les bois, le chemin qui l'avait conduite à l'endroit où elle s'était coupé les cheveux et vouée à l'existence morose qu'elle menait sous l'habit monacal.

Elle revit la place où elle s'était prosternée devant le chapeau de Garab et elle s'y prosterna de nouveau.

Lorsqu'elle se releva, tenant encore ses mains jointes, son regard retourna au roc sur lequel elle avait découvert, de loin, comme un oiseau battant des ailes, cette « chose » bleuâtre cerclée d'un cordon scintillant qui, de plus près, lui était apparu comme le chapeau orné d'un galon bleu et or que portait son amant.

Etait-ce une illusion ? Quelque chose, encore, palpitait entre les aspérités du même rocher. Un lambeau informe, grisâtre, décoloré. Hypnotisée, Détchéma s'approcha du bord de l'eau, puis, quittant ses bottes et s'avançant dans la rivière en posant les pieds sur les pierres les plus élevées, elle atteignit le rocher, étendit le bras, toucha le chiffon qui y demeurait attaché et s'en saisit : c'était un morceau de chapeau de feutre sur lequel se voyait encore un fragment de galon en fils d'or. Un morceau du chapeau de Garab qui avait subsisté, là, fixé entre les pointes rugueuses du roc.

Le choc que Détchéma sentit en son cœur faillit la faire tomber de la pierre sur laquelle elle s'était juchée. Précédant et dominant d'avance toutes réflexions, une certitude venait de s'imposer à l'esprit de la jeune femme. Ce lambeau de chapeau, demeuré là, était un signe infaillible : Garab était vivant.

Où vivait-il ? Détchéma ne pouvait pas l'imaginer, mais elle savait qu'elle le découvrirait. Elle avait rencontré le héros de ses rêves lorsqu'elle avait tout quitté pour aller à sa recherche ; ainsi le retrouverait-elle lorsqu'elle aurait tout abandonné pour le rejoindre.

Quelques pas, seulement, séparaient Détchéma de la rive, pourtant, lorsqu'elle y aborda, elle avait déjà pris une décision : elle ne retournerait pas à la ferme où elle avait laissé ses compagnes ; elle ne retournerait pas au couvent.

Serrant contre sa poitrine, sous sa robe, le morceau de chapeau qu'elle avait arraché du rocher, Détchéma remonta le cours de la rivière jusqu'au gué. Là, elle enleva, de nouveau, ses bottes, retroussa sa robe jusqu'au-dessus des genoux et entra dans l'eau. La jeune femme était grande, ses vêtements furent à peine mouillés pendant la traversée.

Lorsqu'elle aborda sur la rive opposée, Détchéma ne se dit pas qu'elle se lançait dans une aventure imprudente, qu'elle quittait un abri où son existence était assurée, qu'elle ne possédait rien, sauf la robe qui la couvrait et qu'aucune preuve certaine ne l'assurait que Garab était vivant. Des considérations de ce genre ne se présentent pas à l'esprit des Tibétains.

La transfuge n'avait pas mangé depuis la veille, mais elle comptait mendier et savait que les villageois ne refuseraient pas l'aumône à une religieuse pèlerine. Immédiatement, elle avait décidé de se donner pour telle. Des milliers de pèlerins des deux sexes parcourent constamment le Tibet, visitant les lieux saints et sollicitant la bénédiction des lamas renommés pour leur vertu et leur sagesse éminentes ; en s'assimilant à eux, Détchéma était certaine de n'attirer aucune attention particulière et de pouvoir subsister[1].

On ne voyage pas vite à pied, surtout, lorsque l'on s'arrête dans les villages pour y mendier de porte en porte, et que l'on s'attarde à faire parler les gens. Détchéma ne s'était d'ailleurs tracé aucun itinéraire. Ses pérégrinations ne tendaient à gagner aucun lieu précis. Comme lorsqu'elle s'était enfuie de la maison paternelle, elle errait, au hasard, cherchant « l'homme de son rêve », qu'elle avait, depuis lors, rencontré, possédé et qu'elle voulait retrouver et reprendre.

Au bout de six mois de vagabondage dans le voisinage de la rivière qui continuait à retenir son attention, puis à travers le pays de Ga et jusqu'à Kyerkou[2] Détchéma avait obtenu des informations propres à fortifier son espoir. Aucun de ceux qu'elle avait interrogés ne se souvenait qu'un homme se fût

1. C'est ainsi que l'auteur accomplit l'un de ses voyages à travers les territoires interdits du Tibet et séjourna à Lhassa. *Voyage d'une Parisienne à Lhassa.* (Plon.)

2. Kyerkou ou Tcherkou, selon la prononciation locale généralement indiquée sur les cartes comme Jerkyendo ou Jakyendo, un avant-poste chinois, à l'extrême sud des grandes solitudes herbeuses.

noyé lors de l'inondation que tous se rappelaient fort bien, à cause des dégâts considérables qu'elle avait causés. Quant à des exécutions capitales, il n'y en avait eu dans aucun des postes militaires de la région.

Cependant, relativement à l'endroit où Garab se trouvait, Détchéma n'avait recueilli aucun indice.

Elle songea, alors, que les pasteurs des tribus parmi lesquelles Garab avait vécu, pouvaient avoir appris ce que l'ancien chef était devenu. Qui sait, même, si, l'oubli s'étant fait sur ses anciens exploits, il n'était pas retourné s'établir parmi eux?

Détchéma se remit en route et des mois encore s'écoulèrent, avant qu'elle atteignît le pays des Ngologs.

A part les hommes qui avaient participé à l'attaque de la caravane mongole, près de cinq années auparavant, aucun des pasteurs n'avait vu Détchéma.

Ils savaient, par ouï-dire, que Garab avait emmené, à Lhassa, puis au Khang Tisé, une maîtresse exceptionnellement belle dont il était follement amoureux, mais nul n'aurait songé à établir le moindre rapport entre cette jolie fille et la religieuse minable et émaciée qui mendiait dans les campements en accomplissant de pieux pèlerinages.

Cependant, Détchéma n'osait point poser de questions directes au sujet de Garab. Peut-être, en effet, le temps écoulé depuis l'expédition des musulmans avait-il fait cesser le danger qui l'avait menacé, elle inclinait à le croire, mais n'en était pas certaine et se contraignait à observer une prudence qui prolongeait beaucoup ses investigations.

Enfin, un jour, elle appris que Garab avait été vu par deux pasteurs appartenant à une tribu dont les pâturages se trouvaient à l'est, dans la direction de l'Amné Matchén. D'après ce que ceux-ci avaient rapporté, Garab était devenu un saint ermite.

Détchéma se remit en marche.

Toutefois, une femme dépendant, pour sa nourriture, des aumônes qu'elle recevait, ne pouvait pas s'aventurer à travers les immenses espaces déserts qu'il fallait traverser pour se rendre directement à l'Amné Matchén, cet itinéraire ne convenait qu'à des caravanes. De nombreux et longs détours s'imposaient à Détchéma pour toucher des endroits habités. Ainsi, d'autres mois s'écoulèrent encore.

Dans l'ermitage de l'Amné Matchén, Dordji Migyur et Garab, assis à ses pieds, écoutaient, avec grande attention, le récit que leur faisait un *dokpa* (pasteur) envoyé par les chefs d'une tribu campant près des sources du fleuve Jaune.

Le messager rapportait des faits inquiétants au sujet desquels les pasteurs sollicitaient les conseils et la protection du sage anachorète. Des étrangers circulaient dans la région ; deux hommes d'aspect très différent. L'un d'eux avait les cheveux brun pâle, de la couleur des *toumas* (une racine comestible) et les yeux bleus, pareils à ceux des gros chiens qui gardent les tentes. La tête de l'autre semblait être couverte de fils d'or. Tous deux étaient de haute taille et l'homme aux cheveux d'or paraissait beaucoup plus jeune que son compagnon.

Ces voyageurs suspects avaient, avec eux, cinq domestiques mongols et deux chinois, des chevaux, des mules, des tentes et des provisions. L'homme aux cheveux d'or parlait couramment le tibétain, son compagnon aux yeux de chien se servait généralement de l'un des Chinois comme interprète, mais ce dernier disait que l'étranger s'exprimait difficilement en chinois.

Les *dokpas* avaient appris par les domestiques mongols dont deux parlaient, aussi, le tibétain, que les deux étrangers ne voyageaient ensemble que depuis peu de temps.

L'homme aux yeux de chien avait rencontré l'homme aux cheveux d'or au nord-ouest de Tsaïdam ; celui-ci était seul, un compagnon qui voyageait avec lui était, disait-il, mort quelques jours auparavant. Il paraissait très affligé. Il possédait une petite tente, son cheval, celui du mort et une mule qui portait quelques sacs de vivres. Les deux étrangers avaient causé ensemble dans une langue qu'aucun des domestiques ne comprenait. Et puis, l'homme aux cheveux d'or, avec ses deux chevaux et sa mule, s'était joint à la caravane de l'autre étranger.

D'où venaient ces gens-là, ni les Mongols ni les Chinois ne le savaient. Les domestiques avaient été recrutés dans le nord, près de Sudou[1], par l'homme aux cheveux couleur de *toumas* ; quant à celui aux cheveux d'or, personne ne savait rien sur lui.

Les deux voyageurs ne vivaient pas en bonne amitié. Il leur arrivait, fréquemment, de parler ensemble sur un ton et avec des gestes qui montraient clairement qu'ils se querellaient.

L'homme aux yeux de chien obligeait ses Mongols à faire de grands trous dans la terre, ce qui leur déplaisait. Il frappait sur les rochers avec un marteau et en cassait des morceaux, il ramassait aussi du sable au fond des rivières et le secouait sous l'eau, dans une sorte de panier, comme l'on fait pour nettoyer le grain.

Les pasteurs s'alarmaient grandement. Ces étrangers allaient irriter les génies en frappant sur les rocs dans lesquels ceux-ci résident et ils dessécheraient le suc de la terre en creusant des trous[2]. Alors, les

1. Prononciation locale de Suchow, une ville chinoise du nord de la province de Kansou.

2. L'idée que l'on dessèche les sucs nourriciers de la terre en creusant profondément celle-ci et en enlevant les « ter » (trésors) qui y sont cachés est courante au Tibet. Il y a environ vingt ans, le

génies retiendraient la pluie, ils enverraient des maladies, l'herbe ne pousserait plus dans les pâturages desséchés et le bétail mourrait de faim.

Ils imploraient Dordji Migyur. Que celui-ci veuille bien leur dicter ce qu'ils devaient faire et les protéger contre les calamités qui les menaçaient.

Ayant longuement exposé les faits à l'ermite, le messager se prosterna devant lui, comme il l'avait déjà fait à son arrivée et attendit en silence.

— Ces hommes cherchent de l'or, déclara Dordji Migyur. J'ai vu, non loin d'ici, des Chinois, venus du Kansou, laver le sable de cette manière pour recueillir de petites parcelles d'or. Si ces étrangers creusent des trous, c'est qu'ils veulent trouver mieux. Ils tâchent de découvrir les gros blocs d'or pur que les dieux ont cachés sous l'Amné Matchén, les destinant à Guésar qui doit s'en emparer lorsqu'il reviendra parmi nous pour exterminer tous ceux qui ont le cœur mauvais[1].

gouvernement du Dalaï Lama envoya en Angleterre quelques jeunes gens qui devaient y étudier les sciences modernes et leurs applications pratiques. Deux d'entre eux devinrent ingénieurs : l'un spécialiste des mines, l'autre des ponts et chaussées. De retour au Tibet, le premier entreprit quelques prospections en vue de l'exploitation du sous-sol, mais l'opposition fut si forte que le gouvernement lui ordonna de cesser ses recherches. L'homme, ne pouvant exercer son métier, est devenu moine. Son collègue constructeur de routes n'eut pas meilleure chance. Les Tibétains déclarèrent que leurs sentiers muletiers leur suffisaient. Seuls ont prospéré, parmi les étudiants revenus de l'étranger à cette époque, un électricien et un de ses camarades qui dirige la fabrication des armes et frappe de la monnaie.

1. Voir A. DAVID-NEEL et le Lama YONGDEN, *la Vie surhumaine de Guésar de Ling*. Traduction du poème épique national des Tibétains. (Editions Adyar.)

Les Tibétains continuent à attendre le retour de ce héros dans ce monde où il doit instaurer le règne de la justice Récemment, j'ai entendu déclarer par des Tibétains lettrés que les calculs faits d'après des prophéties et confirmés par certains événements contemporains, indiquent que le retour de Guésar aura lieu dans trente-neuf ans. De leur côté, de nombreux Mongols attendent le retour de Gengis Khan. Bien qu'il paraisse prouvé que l'endroit où cet illustre conquérant a été inhumé n'a jamais été découvert, il existe, à Etsin Orta, au pays des

— Il ne faut pas qu'ils les découvrent ! s'exclama ardemment Garab.

— Non, il ne faut pas, appuya le messager.

— L'or destiné à Guésar est profondément enfoui sous l'Amné Matchén, affirma l'ermite. Il est difficile de l'atteindre et les dieux veillent sur lui.

— Vous empêcherez ces hommes de s'en emparer, Seigneur ermite (jowo gomchén). Vous les empêcherez, aussi, de continuer à creuser des trous qui dessèchent la terre et à casser les rocs hantés par les génies. Vous les empêcherez de nous nuire, de nuire à nos troupeaux, supplia le pasteur, réitérant ses prosternations.

— J'y veillerai, promit l'anachorète. J'évoquerai les dieux et les génies ; ils sauront mettre un terme aux mauvaises actions de ces étrangers. Dis à vos amis de ne pas s'inquiéter.

Le pasteur quitta l'ermitage. Le lendemain, Dordji Migyur s'enferma dans sa hutte pour accomplir certains rites secrets et Garab se retira dans la caverne qui lui servait de logis.

Comme tous les Tibétains, Garab connaissait du moins en partie, l'histoire légendaire de Guésar de Ling, le roi-magicien, grand pourfendeur de démons et redresseur de torts. Comme tous les Tibétains, aussi, il croyait au retour du héros qui avait quitté notre monde, sans mourir, pour se rendre, de façon miraculeuse, parmi les dieux.

Seul dans sa caverne, il se rappelait certains exploits de Guésar, les comparait, les assimilait à ceux des Bodhisattvas dans les contes bouddhiques, les uns et les autres considérés par lui comme absolu-

Ordos, un temple où l'on montre une sorte de châsse en argent qui est dite contenir ses restes mortels. Les Mongols s'y rendent, en pèlerinage, au mois d'avril.

ment authentiques. Dans son esprit, les actes et les mobiles de ces personnages surhumains se mêlaient et s'embrouillaient. Il ne distinguait plus bien ceux qui tenaient de la valeur guerrière d'avec ceux qui relevaient d'une bonté transcendante et, ses tendances d'ancien chef de brigands l'inclinant vers la violence, il en venait à s'imaginer, lui-même, pratiquant une charité impétueuse et rude, sans ménagement pour les coupables dont il libérait les victimes.

Mais quelle que fût la confusion existant dans son esprit, une chose lui était claire : lui, Garab, n'avait plus rien de commun avec son ancienne vie. Qu'il devînt le collaborateur d'un saint ou un des capitaines de Guésar, il avait dépouillé son ancien « moi » et pris rang dans la phalange héroïque des « Protecteurs des êtres »[1].

Et Détchéma ?... Parfois, son image apparaissait parmi celles des sages impassibles et des justiciers fougueux qui peuplaient les visions de Garab. Elle s'insinuait lentement au milieu de ces personnages éminents, ou bien surgissait brusquement, refoulant les autres figures dans un arrière-plan brumeux, demeurant seule en lumière, quémandant et promettant, à la fois, avec un sourire tendrement ironique. Alors, Garab retombait des hauteurs où il s'était élevé dans un enfer dont les démons, armés de pinces ardentes qui tenaillaient sa chair, étaient les souvenirs de sensations anciennes.

Au Tibet, comme dans l'Inde, les maitres mystiques, les « gourous » sont supposés capables de pénétrer ce qui se passe dans l'esprit de ceux dont ils ont assumé la direction spirituelle. Garab était convaincu que Dordji Migyur lisait en lui et il attendait, en silence, qu'il vînt à son secours. Peu à peu, en effet, Détchéma devint plus lointaine, ses apparitions

1. Terme tibétain.

se firent plus rares, son souvenir s'effaça. Absorbé par ses rêves glorieux, Garab s'aperçut à peine de cet évanouissement graduel du fantôme terrible de son amante. La paix s'était faite en lui, une paix triomphante qui remplissait l'ancien chef d'une satisfaction orgueilleuse.

Alors, il arriva que, se trouvant un jour avec Migyur assis à la porte de l'ermitage, l'anachorète fixa sur lui son regard pénétrant.

— T'est-il jamais arrivé, demanda-t-il, de tenter de retenir une chose qui allait tomber, se briser ou se perdre et, lorsque tu croyais y avoir presque réussi, de la voir t'échapper ?

— Oui, une fois... un chien, répondit Garab. Il était emporté par la rivière, nageait mal, paraissait épuisé. C'était dans ma jeunesse. Je revenais des bois, chargé d'un faix de branches sèches lié par une corde. J'enlevai ma ceinture, l'attachai à la corde et je jetai mon fardeau à l'eau en le retenant par ma ceinture. J'espérais que le chien, amené par le courant, s'agripperait aux branches et que je pourrais le tirer doucement jusqu'à la rive. La pauvre bête se hissa à demi hors de l'eau, sur le fagot. Je la croyais sauvée et puis, tout à coup, elle lâcha prise et le flot l'entraîna.

L'ermite était demeuré silencieux et Garab n'avait pas osé lui demander d'explication. Il devait comprendre plus tard.

Tandis que, strictement reclus dans sa hutte, l'ermite procédait à la célébration de rites compliqués et que Garab se délectait, dans sa caverne à imaginer ses futures prouesses de bienfaiteur des êtres, la caravane des étrangers se rapprochait, peu à peu, de l'Amné Matchén. Un soir, elle arriva au pied de la montagne et y planta ses tentes.

Le lendemain, le chef de la caravane, l'homme aux yeux de chien, laissa ses gens se reposer et leur annonça qu'il chasserait le jour suivant. Il confierait des fusils à quelques-uns d'entre eux chargés de rechercher et de tuer des chèvres aux cornes recourbées, dont il désirait conserver les têtes naturalisées. Les autres hommes lui serviraient de rabatteurs.

Cet ordre fut mal accueilli. Les Mongols avaient appris, par les pasteurs des camps voisins, qu'un saint ermite vivait sur les pentes de l'Amné Matchén. Or, les lieux où des ascètes contemplatifs *(gomchén)* résident sont considérés comme sacrés. Nul acte de violence ne doit y être commis et les animaux, comme les hommes, y trouvent un sûr asile.

Chasser près d'un ermitage, c'était non seulement commettre le crime de tuer, mais le commettre dans un lieu consacré par la présence d'un saint et outrager celui-ci. Les Mongols ne se sentaient pas disposés à encourir le châtiment qu'un tel péché appellerait sur eux en leur vie présente et dans celles qui les suivraient. Ils tinrent longuement conseil et décidèrent d'exposer leurs raisons à l'étranger aux cheveux d'or qui comprenait le tibétain.

Le même jour, Garab, en allant puiser de l'eau à un ruisseau, découvrit les tentes qui avaient été plantées la veille au soir. Immédiatement, il courut en informer l'ermite, et celui-ci lui parlant derrière sa porte close lui demanda :

— Va voir ce que font ces gens et renseigne-toi sur leurs projets. Tu me rapporteras ce que tu auras appris.

Garab arriva au camp comme les Mongols se disposaient à se rendre auprès de l'étranger aux cheveux d'or. La curiosité que suscita son apparition inattendue retint ceux-ci autour de lui : « Qui était-il ? D'où venait-il ? »

— Je ne suis pas un voyageur, répondit Garab. Je vis sur la montagne, auprès de mon maître l'ermite Dordji Migyur. Peut-être avez-vous entendu parler de lui ?

Certainement, tous connaissaient le nom de l'anachorète ; les pasteurs auprès de qui ils avaient campé en cours de route leur en avaient raconté long sur la sainteté de Dordji Migyur et sur les prodiges qu'il opérait. Ils savaient que ce saint homme vivait quelque part sur la montagne, mais ils ne se doutaient pas qu'ils campaient à proximité de son ermitage. Immédiatement, la question que n'importe quel fidèle de la foi lamaïste eût formulée en cette occasion leur vint aux lèvres : Pourraient-ils voir Dordji Migyur ? Pourraient-ils recevoir sa bénédiction ?

— Depuis quelques semaines, mon maître est en retraite[1], répondit Garab, moi-même, je ne le vois pas, et je ne lui parle qu'à travers sa porte. Cependant s'il ne vous est pas permis d'entrer chez lui, vous pourrez vous prosterner au-dehors et il vous donnera sa bénédiction. Mais, dites-moi, amis, que faites-vous ici ? D'où venez-vous, où allez-vous ? L'on a rapporté à mon maître que vous accompagnez deux étrangers.

Les Mongols redirent à Garab tout ce qu'ils avaient raconté aux pasteurs concernant les deux voyageurs. Ils n'en savaient pas davantage et Garab connaissait déjà tous ces détails par le rapport que l'envoyé des pasteurs avait fait, devant lui, à Dordji Migyur.

Toutefois, un fait nouveau s'était produit et Garab fut aussi mis au courant de ce qui concernait la chasse projetée.

1. La pratique de la « retraite » (en tibétain : *mishams*) est très en honneur parmi les lamaïstes. Voir au sujet des différentes variétés de « retraites » et les pratiques des reclus : A. DAVID-NEEL, *Parmi les mystiques et magiciens du Tibet* et : Lama YONGDEN et A. DAVID-NEEL, *le Lama aux cinq sagesses*.

— Il ne faut pas vous y prêter, s'écria-t-il. Le seigneur Dordji Migyur est un dévot des Bodhisattvas. Il ne mange aucune nourriture animale et ne porte jamais de vêtement de fourrure. En hiver, quand les bêtes sauvages trouvent difficilement de quoi manger, il en vient à sa porte quêter un repas ; il vient jusqu'à des ours, et bien que ses réserves de provisions ne soient pas très fortes, il trouve toujours quelque chose à leur donner. Il paraît que les génies lui fournissent ce qui lui manque pour qu'il puisse exercer sa charité.

« Vous comprenez que ce serait encourir sa malédiction que de tuer les animaux qui sont accoutumés à circuler sans crainte sur la montagne.

— Nous nous garderons bien de le faire ! s'exclamèrent les Mongols dont les paroles de Garab fortifiaient la résolution.

Ils lui apprirent alors que, lorsqu'il était arrivé, ils étaient précisément sur le point de se rendre auprès de l'étranger aux cheveux d'or pour le prier de dissuader le chef de la caravane de chasser sur la montagne.

— J'irai avec vous, dit immédiatement Garab, saisissant avec plaisir cette occasion de voir de près un de ces étrangers sur le compte de qui Dordji Migyur désirait être renseigné.

Le voyageur aux cheveux d'or était assis sur l'herbe, devant sa petite tente ; il fumait une cigarette en regardant droit devant lui, sans paraître fixer les yeux sur aucun objet particulier. Il sembla un peu surpris de voir s'avancer les domestiques en corps, mais, souriant aux deux Mongols qui comprenaient le tibétain, il leur demanda amicalement ce qui les amenait avec leurs camarades.

Mis en confiance par ce bon accueil, les hommes expliquèrent leur cas. Bien qu'un saint ermite vécût tout près d'eux, leur maître voulait chasser le lendemain. Il voulait que quelques-uns d'entre eux allassent tuer des chèvres sauvages et que les autres lui servissent de rabatteurs. « Et nous, nous ne le voulons pas », conclurent rudement les Mongols.

En toute autre occasion, ceux-ci se fussent, sans doute, montrés moins résolus, mais il s'agissait de leur salut, de leur destinée dans leurs vies futures. Garab venait de les menacer de la malédiction d'un saint thaumaturge ; comment ces esprits simples eussent-ils pu braver un tel danger ?

— Parlez pour nous à notre maître, supplièrent-ils en terminant.

— Je le veux bien, répondit flegmatiquement l'étranger, mais cela ne servira à rien. Quand il s'est mis une idée en tête, tous les diables de l'enfer ne l'en feraient pas démordre.

« Ah !... Qui est celui-là ? Je ne l'ai jamais vu, demanda-t-il en remarquant Garab qui s'était tenu un peu à l'écart, hors de sa vue.

— C'est un disciple du grand anachorète Dordji Migyur, dont l'ermitage est proche de notre camp. Un saint d'une charité sans pareille, qui nourrit miraculeusement les bêtes sauvages pendant l'hiver ; les ours mêmes viennent manger dans sa main.

Les bonnes gens commençaient déjà à amplifier le discours de Garab.

L'étranger parut intéressé.

— Oh ! oh ! dit-il, je voudrais causer avec toi, disciple de l'ermite. Ne t'en vas pas. Je vais transmettre votre protestation à votre maître, ajouta-t-il, en s'adressant aux Mongols.

La tente de l'étranger aux yeux de chien était plantée à une assez forte distance de celle de son compagnon, mais cela n'empêcha pas les hommes qui attendaient sa réponse d'entendre de furieux éclats de voix et de comprendre, par là, que leur maître faisait mauvais accueil à leur envoyé.

Quelques instants après, celui-ci revenait en sifflotant.

— Je vous avais avertis, camarades, dit-il. Il ne veut rien entendre. On chassera demain.

— Non ! s'exclamèrent les hommes, nous ne chasserons pas. Il chassera seul, s'il l'ose.

— Peut-être faudrait-il l'en empêcher ? risqua l'un des Mongols.

— Eh ! Eh ! fit l'étranger, amusé. Vous ferez comme bon vous semblera, camarades, reprit-il. Cette affaire ne me regarde pas. Moi, je ne chasserai pas ; je ne voudrais pas déplaire à l'ermite.

Et, s'adressant à Garab :

— Pourrais-je rendre visite à ton maître ? demanda-t-il.

— Il est en retraite, répondit Garab, mais je lui transmettrai votre désir et vous rapporterai sa réponse.

— En attendant, assieds-toi et causons un instant. Le veux-tu ?

— Avec plaisir, répondit Garab.

— Je vais vous apporter du thé, dit un des Mongols ; personne, ni au Tibet ni en Mongolie, n'imaginant que l'on puisse causer sans boire.

— Qui est cet ermite, ton maître ? commença l'étranger.

Alors, Garab, longuement, avec maints détails, maintes redites et une grande confusion dans les idées, exposa des doctrines diverses, cita les enseignements des sages, parla des Bodhisattvas, de Guésar de Ling, le justicier attendu, et de Maitreya, le futur Bouddha qui inaugurerait le règne de l'universelle bienveillance, et il conclut en disant qu'il voulait devenir digne d'aider ceux qui apporteraient la paix et le bonheur à tous les êtres.

L'homme aux cheveux d'or l'écoutait avec une attention bienveillante, souriant parfois.

— Alors, tu ne chasses pas les chèvres dans la montagne ? demanda l'étranger, revenant au sujet d'actualité.

— Oh ! moi, dit légèrement Garab, j'ai chassé d'autre gibier.

Le voyageur se méprit.

— Tu as été soldat ? dit-il.

— Euh ! Euh ! fit Garab, sans répondre.

Son interlocuteur coupa court à toutes velléités de confidences.

— Ecoute ! dit-il.

Il parla. C'était un beau discours que le sien. Garab y discerna des points de ressemblance avec les fortes leçons de sublime dévouement et de pitié infinie que donnent les Bodhisattvas. Pourtant, sans se l'expliquer clairement, il pressentait des différences profondes. L'activité de Guésar s'exerçait dans les sphères des dieux et des démons autant que dans la nôtre ; les Bouddhas et les Bodhisattvas avaient l'infini pour domaine. Mais cet étranger ne dépassait pas les limites étroites de notre monde, comme si rien des êtres et des choses du dehors ne pouvait l'atteindre, comme si rien de nous ne pouvait en franchir les bornes.

Et puis, en vérité, Garab ne comprenait rien à ce que racontait cet étranger sympathique, bien qu'il s'exprimât dans le meilleur tibétain de Lhassa.

— Je désire voir ton maître, répéta le voyageur quand Garab prit congé de lui.

Le lendemain, l'homme aux yeux de chien appela ses domestiques et leur intima ses ordres concernant la chasse. Ils ne répondirent rien, mais, de toute la journée, leur maître ne les revit pas. Ils étaient montés à l'ermitage dont Dordji Migyur leur avait ouvert la porte et étaient demeurés, écoutant l'ermite et égrenant leurs chapelets à sa porte.

Les deux Chinois avaient préparé les repas de l'étranger, mais, vers le soir, celui-ci, que la colère avait induit à boire plus que de coutume, menaçant de tuer ceux qui continueraient à lui désobéir, les Chinois, pris de peur, s'étaient esquivés à leur tour.

En redescendant à leur tente, les Mongols transmirent à l'homme aux cheveux d'or la réponse de l'ermite. Il l'attendait le lendemain.

Fusil en main, le chef de la caravane avait guetté le retour de ses domestiques. Il se rendit à leur tente et réitéra ses ordres, ajoutant que si, le lendemain, ils n'étaient pas prêts à partir pour la chasse, il *ferait un exemple*.

Les Mongols ne répliquèrent rien, mais, durant la nuit, ils chargèrent une forte quantité de provisions sur des mules, emportèrent les fusils et les munitions qui leur avaient été confiés pour chasser les chèvres et allèrent camper dans un repli de la montagne, à quelque distance de là.

De grand matin, l'homme aux cheveux d'or, suivant les indications que les Mongols lui avaient données, s'engagea dans un raidillon et, par un étroit sentier grimpant le long de la montagne, atteignit la hutte de Migyur. Il y demeura enfermé avec lui pendant plusieurs heures. Ce que fut leur entretien, Garab ne le sut jamais car il n'avait pas été admis à y assister. L'ermite lui avait seulement commandé de préparer une soupe, le voyageur devant partager leur repas avant de s'en retourner.

Quand ils eurent fini de manger, l'étranger s'adressa à Garab :

— J'ai reçu la bénédiction de Jowo Dordji

Migyur, lui dit-il. Je quitterai le camp demain, à l'aube. Toi qui désires travailler au bonheur des êtres, veux-tu venir avec moi et remplacer le compagnon que j'ai perdu. Ton maître y consent et je pense qu'il le souhaite. Il m'a confié ce qui te concerne ; je sais qui tu es. Veux-tu m'accompagner?

Garab, stupéfait, regardait alternativement l'anachorète et l'étranger.

— Où irons-nous? demanda-t-il à celui-ci. Dans votre pays?

— Je ne retournerai jamais dans mon pays, ma place est dans celui-ci, déclara le voyageur.

— Les dieux vous conduiront, ajouta l'ermite.

— Si vous me le commandez, Maître, j'irai, dit Garab s'adressant à Dordji Migyur.

— Il pourrait t'être bon de partir, répondit rêveusement l'anachorète. Bon pour toi, bon pour d'autres… Pars donc demain.

Garab se prosterna devant son maître en signe de respectueuse soumission et il remarqua que l'étranger, s'inclinant profondément pour prendre congé, portait la main de l'ermite à ses lèvres.

L'étrangeté et la soudaineté de la décision qu'il venait de prendre laissaient Garab étourdi. Un élément surnaturel, miraculeux, lui semblait avoir été à l'œuvre autour de lui, attiré par les vœux qu'il avait formulés dans sa caverne.

— Etes-vous un héraut de Guésar le Justicier ou un envoyé de Gyalwa Tchampa, le Bouddha de la Bonté Infinie? demanda-t-il, tout tremblant d'émotion, à l'homme aux cheveux d'or, comme celui-ci, sorti de l'ermitage, commençait à redescendre le sentier.

— Peut-être tous les deux, répondit celui-ci en souriant.

Et il s'éloigna.

Comme tous les disciples des ermites contemplatifs, Garab ne restait jamais auprès de son maître sans y avoir été expressément invité par lui. Près de le quitter pour s'en aller il ne savait où, avec un inconnu, il aurait voulu passer à ses pieds la dernière nuit de son séjour à l'Amné Matchén. Il souhaitait entendre encore, avant son départ, quelques-unes de ces paroles puissantes qui avaient apporté la paix dans son esprit troublé, ou même, seulement, demeurer en silence, assis dans l'ermitage, baigné dans cette atmosphère de bienveillance infinie et d'indicible sérénité que Migyur créait autour de lui. Mais le maître ne lui avait pas commandé de revenir après avoir accompagné l'étranger au-dehors et, obéissant à son ordre tacite, Garab regagna sa caverne.

Il s'y trouvait depuis quelque temps, absorbé dans ses pensées, repassant dans son esprit les vicissitudes singulières de son existence, s'en étonnant et se demandant vers quels nouveaux événements il s'acheminait, lorsque l'épais rideau en poil de yak qui fermait l'ouverture de son rustique domicile se souleva et une femme s'arrêta sur le seuil.

— C'est moi, Garab, dit-elle simplement.

— Détchéma ! hurla Garab, portant ses deux bras au-devant de lui, comme pour écarter une apparition terrible. Détchéma !... Tu es morte !

— Non, répondit son amie, en souriant. Je suis vivante comme toi. Moi aussi, je t'ai cru mort. J'avais vu ton chapeau accroché à un rocher, au milieu de la rivière et il me paraissait certain que tu t'étais noyé. Je me suis coupé les cheveux ; je suis devenue religieuse. Puis, un jour, les dieux m'ont ramenée vers l'endroit où nous avons été séparés. Ils m'ont montré un signe. Après tant de mois écoulés, un morceau de ton chapeau restait encore collé au rocher ; ni le vent ni la pluie n'avaient pu l'en arracher et j'ai compris que tu n'avais pas été emporté par les envoyés de Chindjé (le roi des morts). Alors, je me suis mise à ta recherche, comme autrefois, et, comme autrefois, je t'ai trouvé. Il n'était pas possible que je ne te trouve pas. Maintenant, nous allons partir d'ici, ensemble, et nous ne nous quitterons plus.

Détchéma parlait calmement, et sans aucune émotion dramatique. Elle avait réintégré le rêve qui était sa vie et le continuait tout naturellement, parfaitement inconsciente de ce qui existait en dehors de lui. Les voyageurs, qu'un orage avait troublés pendant un moment, allaient reprendre leur route ; l'idée qu'une autre décision fût possible n'effleurait même pas la jeune femme, elle était incapable de la concevoir.

Près d'un an avait passé depuis que Détchéma, abandonnant ses compagnes, s'était mise à la recherche de son amant. Ses cheveux avaient repoussé et, malgré sa maigreur et sa robe loqueteuse, elle apparaissait à Garab souverainement belle, d'une beauté singulière, surhumaine, qui la lui rendait plus attirante qu'elle ne l'avait jamais été.

Mais, combattant cette attraction, se levaient, en l'ancien chef, les pensées qu'il avait nourries pendant ses longues heures de solitude dans sa caverne, les réminiscences de ses conversations avec Ram qui cherchait le secret de la vie éternelle et des discours de l'ermite sur l'œuvre sublime des Bodhisattvas qui se sacrifient pour soulager les êtres plongés dans la douleur. N'avait-il pas rêvé de suivre un de ceux-là qui vengent la justice outragée, ou qui répandent du bonheur à pleines mains, à plein cœur, sur tous, partout où ils portent leurs pas ? Devenir lui-même un instructeur, un guide ? Timidement, il avait fait ce rêve orgueilleux. Et, le lendemain, à l'aube, il devait partir... pour le réaliser, peut-être.

Garab s'efforça d'expliquer à son amie que le Garab qu'elle venait de retrouver n'était plus le même que celui dont le torrent qui l'emportait l'avait séparée. Il tenta de lui répéter quelques-uns des discours qu'il avait entendus. Mais il ne pouvait guère être habile à convaincre la jeune femme de choses qui n'existaient qu'à la surface de son être réel et Détchéma qui, elle, demeurait ce qu'elle avait toujours été, une simple amoureuse, ne comprenait rien à ses paroles.

— Je suis venue pour t'emmener d'ici, répétait-elle obstinément. Tu es à moi, comme je suis à toi. Viens !

Accotée à la paroi rocheuse, dans un coin de la caverne, elle se mit à pleurer lamentablement.

— Je ne vis que pour toi, Garab, plaidait-elle. Pourquoi ne m'aimes-tu plus ? Que puis-je devenir sans toi ?

D'insidieux désirs surgissaient en Garab, l'aiguillonnaient, cherchaient à triompher, sous le déguisement de raisons supérieures et saintes.

Il avait fait vœu de soulager la souffrance des êtres ; était-ce en commençant par en causer à cette femme qui l'aimait qu'il se préparerait à ce ministère de charité ? L'occasion ne s'offrait-elle pas à lui d'éprouver la force de son dévouement en sacrifiant ses propres aspirations pour adoucir une humble douleur ?

Se voir capable d'un tel renoncement pouvait comporter une satisfaction d'orgueil. Pourtant, l'orgueil que Garab avait nourri par ses rêves d'avenir héroïque regimbait en lui, évoquant, de nouveau, des horizons imprécis, mais certainement glorieux, au bout de la route sur laquelle il devait s'engager le lendemain, à l'aube, avec cet homme aux cheveux couleur de rayons de soleil, qui parlait comme Guésar pourfendeur de démons, et comme les sublimes Bodhisattvas.

Et Garab discourait, discourait, accumulait des mots et des phrases sans suite, échos de la confusion de ses idées et du trouble de sa chair, tandis que Détchéma, obstinée, implacable, ayant séché ses larmes, devenue impérieuse, répétait :

— Je suis venue te chercher, te reprendre. Viens !

Ce colloque durait déjà depuis longtemps lorsque l'interprète chinois du chef de la caravane passa la tête sous le rideau et dit, précipitamment :

— Les domestiques mongols qui se sont enfuis ne sont pas revenus. Le maître est hors de lui. Il monte chez l'ermite. Il dit que c'est lui qui a incité les Mongols à se révolter et qu'il va le mettre à la raison. Il a bu de l'alcool toute la journée. Il a emporté un fusil chargé avec lui... J'ai peur ! Il faut que vous veniez avec moi à l'ermitage.

Avant que Garab ait eu le temps de répondre un seul mot, une bourrade envoya le Chinois au milieu de la caverne, le rideau fut écarté violemment et l'étranger entra.

Il donna un ordre bref au Chinois qui répondit par quelques paroles, tremblant de tous ses membres. L'étranger réitéra l'ordre en désignant Garab.

— Il veut que je vous parle, balbutia le Chinois. Il ne sait pas qu'il y a une hutte, plus haut sur la montagne. Il croit que vous êtes l'ermite.

Le pauvre interprète essaya, encore une fois, d'expliquer au voyageur qu'il faisait erreur. S'exprimait-il mal, ou bien l'étranger, fortement pris de boisson, ne le comprenait-il pas, il parut imaginer que son interprète montrait de la mauvaise volonté et fit mine de se jeter sur lui. Plus vif que son patron, le Chinois se glissa rapidement au-dehors et ne reparut plus.

L'étranger le rappela, cria, vociféra en pure perte, à l'entrée de la caverne, le Chinois, épouvanté, s'était enfui.

La rage de l'ivrogne redoubla, il rentra en gesticulant et, alors, aperçut Détchéma qui se dissimulait derrière une pile de sacs – une réserve de provisions appartenant à Dordji Migyur.

La vue d'une femme changea le cours de ses idées. Il ricana ; une lueur égrillarde dansa dans ses yeux clairs. Appelant à lui les quelques mots de tibétain qu'il savait, il commença à railler celui qu'il prenait pour le saint ermite dont on lui avait parlé et qu'il trouvait en compagnie d'une femme.

– Eh ! *gomchén, djowo gomchén... chimo, chimo...*[1], oh ! oh !

Il titubait un peu.

– Ah ! ah !... *chimo !* continuait-il, et soudain, il s'élança, passa un bras autour de Détchéma, l'attirant à lui ; ses lèvres touchèrent la jeune femme.

Un furieux coup de poing projeta le paillard contre le rocher. Il chancela, étourdi ; instantanément, l'agile bandit lui arracha son fusil, on entendit une détonation : Garab avait déchargé l'arme à bout portant dans la poitrine du voyageur.

La stupeur, succédant à la frénésie de rage, immobilisait Garab, le fusil en main, regardant sa victime étendue devant lui.

– Tu vois bien que tu m'aimes toujours. Tu as tué *pour moi.*

Détchéma parlait calmement ; dans sa voix caressante perçait une vague note de triomphe, peut-être quelque ironie.

Garab sursauta. Il se réveillait brusquement ; la

1. Ermite, seigneur ermite, femme. Chimo est un terme du dialecte parlé par les pasteurs de l'est des Chang thangs. Les Tibétains disent skyédmen (prononcé kiémen) pour femme.

fantasmagorie du songe dont il sortait s'écroulait, une illumination cruelle se faisait en lui. A sa lumière froide, impitoyable, lui apparut l'erreur dans laquelle il s'était complu, qu'il avait cultivée et nourrie, si longtemps, dans sa retraite, avec des prosternations dévotes et des vœux sublimes, se dupant avec les aspirations factices qu'il se suggérait. Le bonheur des êtres ne l'intéressait pas. Il ne désirait que le sien. Le bonheur de Détchéma, était-ce vraiment à *cela* qu'il tenait, lorsqu'il songeait à renoncer, pour elle, à ses rêves orgueilleux de grandeur spirituelle ? La fausseté des motifs qu'il venait de se donner, quelques instants auparavant, éclatait à ses yeux. Ses pensées de sacrifice n'étaient qu'un travestissement du cri de sa chair :

Il avait tué *pour lui*.

Alors, en face de son amante interdite, Garab se prit à rire d'un rire inextinguible de dément.

ÉPILOGUE

Superstition meurtrière. – Qu'est devenu l'homme aux cheveux d'or ?

Mon hôte termina brusquement son récit et resta silencieux. Je l'imaginais tel qu'il avait dû être, à trente-deux ans, beau, fort, la chair tenaillée par la passion et l'esprit subitement éclairé quant à l'inanité de sa vocation héroïque de sauveur des êtres, flagellant son orgueilleuse présomption avec ce rire amer, en face de son amante terrifiée.

Qu'était-il devenu ensuite ? Il ne l'avait pas dit. Sa prospérité présente et quelques mots surpris chez les fermiers de la région, me portaient à croire qu'il avait renoué des relations avec des « braves » de son espèce et repris, avec succès, ses chevauchées le long des grands chemins. Mais elle ?

– Et puis, demandai-je à voix basse. Votre amie ?...

– Elle est morte, répondit-il laconiquement.

La curiosité me donna l'audace d'insister.

– Morte ! Comment ?... Longtemps après ?...

– Quelques semaines plus tard. Nous voyagions... Un sentier étroit... Elle a glissé.

« Rires de colère. Abîme », avait prédit l'oracle, à Lhassa.

Il me semblait voir la scène : un de ces sentiers de chèvre qui côtoient les précipices des hautes chaînes de montagnes, le heurt inattendu d'une poussée hésitante, peut-être légère... la chute.

L'évocation de ce passé tragique troublait l'esprit du fermier-brigand ; il marmottait sourdement.

— Une fille-démon, assurément. Elle m'avait pris aux Bouddhas que je voulais servir... Je marchais derrière elle. J'ai récité les mots qui exorcisent... Elle n'est pas tombée tout d'un coup. On aurait dit qu'elle voletait. Je me rappelais ses petites mains tourbillonnant, comme des papillons, au-dessus de l'eau, quand le torrent l'avait emportée, autrefois.

« S'accrochant d'une main à un buisson, elle me regardait sans rien dire. Son visage était devenu extraordinaire ; jamais une femme de race humaine n'a été aussi belle. Je ne pouvais plus supporter la lumière que dardaient ses grands yeux fixés sur moi... elle me brûlait.

« J'ai fait le geste qui chasse les mauvais esprits.

Je le connaissais, ce geste. Il consiste à jeter des pierres en vociférant des formules magiques.

— Elle a lâché prise et a roulé tout au fond du gouffre, sans pousser un cri. Ai-je dit qu'elle était morte ? Elle ne peut pas mourir. Je la sens rôder autour de moi. Parfois, à la nuit tombante, je l'entrevois qui erre dans les pâturages, semblant m'épier, mais elle m'échappe toujours quand je veux la saisir pour la posséder encore et pour la...

Mon hôte se leva brusquement, dans un violent mouvement de rage et s'éloigna à grandes enjambées à travers les alpages enténébrés.

— Il est fou ! me dit Yongden.

Fou, il était loin de l'être complètement. Comme je l'avais pressenti, dès le début de son récit, l'apparition de ces amoureux fuyant dans la nuit avait accru la force de la hantise qu'il subissait, l'incitant à évoquer tout haut son passé dramatique d'amant et d'aventurier ayant coudoyé des êtres et des choses étranges.

Le lendemain matin, l'espèce d'ivresse à laquelle il avait succombé s'étant dissipée, lorsque je lui adressai un bonjour amical, il me lança un regard si mauvais, si chargé de menaces, que Yongden, qui se trouvait près de moi, en fut effrayé.

— Nous lèverons le camp aujourd'hui même, dit-il quand je fus rentrée dans ma tente. Ce vieux bandit s'en veut de nous avoir fait des confidences. Il voudrait rattraper ce qu'il nous a dit et, comme il sait que ce n'est pas possible, l'on ne peut pas prévoir le moyen auquel il pourrait en venir pour s'assurer de notre silence.

Je crois que mon fils exagérait la prudence. Quoi qu'il en soit, nous fîmes nos adieux à notre hôte, lui expliquant que, nous étant longuement reposés, nous comptions faire de longues étapes et nous en aller loin. Il n'essaya pas de nous retenir.

Comme je m'apprêtais à empaqueter des provisions qu'un homme m'apportait, un des épisodes de l'histoire qui m'avait été racontée me revint à l'esprit.

— Est-ce que vous ne vous appelez pas Anag? dis-je à cet homme que j'avais souvent vu auprès du fermier.

— Oui, répondit-il d'un air étonné. Mon nom est Anag.

La force du vœu émis à So sa ling avait agi: Garab et Anag s'étaient rejoints.

J'ai souvent pensé à cette bizarre histoire. Ce chevalier de grands chemins avait tué sa maîtresse, non point poussé par une jalousie vulgaire, mais incité par une croyance superstitieuse et le regret que lui causait sa déchéance spirituelle, ce qui est moins banal. Mais combien plus intéressants que lui me paraissaient les effroyables sorciers qu'il avait dépeints et cet étranger « aux cheveux d'or » qui « ne devait pas retourner dans son pays, parce que sa place était au Tibet ». Le récit de Garab le montrait jeune. Peut-être vit-il encore au Pays des Neiges... où ?... et pourquoi ?...

Riwotsé Nga, août 1937.

FIN

TABLE DES MATIÈRES

Achevé d'imprimer en mai 1996
sur les presses de Cox & Wyman Ltd
(Angleterre)

Dépôt légal : novembre 1990
Imprimé en Angleterre